U0454150

山西省软科学研究项目　项目编号：2015041007-1

项目名称：基于金融支持的山西产业结构优化问题研究

金融发展、产业结构优化与经济增长
——山西产融结合新思路

冯江茹　著

知识产权出版社

全国百佳图书出版单位

图书在版编目（CIP）数据

金融发展、产业结构优化与经济增长：山西产融结合新思路/冯江茹著. —北京：知识产权出版社，2016.6

ISBN 978-7-5130-4197-3

Ⅰ.①金…　Ⅱ.①冯…　Ⅲ.①地方金融—经济发展—研究—山西省　②产业结构优化—关系—经济增长—研究—山西省　Ⅳ.①F832.725　②F127.25

中国版本图书馆 CIP 数据核字（2016）第 109916 号

内容提要

本书在明晰山西产业结构和金融发展现状的基础之上，具体分析它们之间的作用机理，并结合国外和历史经验，对实现山西金融发展对产业结构优化的促进，并进一步带动经济走出困境提出切实可行的政策建议。

责任编辑：刘晓庆　于晓菲　　　　　　　　　责任出版：孙婷婷

金融发展、产业结构优化与经济增长——山西产融结合新思路

JINRONG FAZHAN、CHANYE JIEGOU YOUHUA YU JINGJI ZENGZHANG——SHANXI CHANRONG JIEHE XINSILU

冯江茹　著

出版发行：知识产权出版社 有限责任公司		网　址：http：//www.ipph.cn	
电　话：010-82004826		http：//www.laichushu.com	
社　址：北京市海淀区西外太平庄 55 号		邮　编：100081	
责编电话：010-82000860 转 8363		责编邮箱：yuxiaofei@cnipr.com	
发行电话：010-82000860 转 8101/8029		发行传真：010-82000893/82003279	
印　刷：北京中献拓方科技发展有限公司		经　销：各大网上书店、新华书店及相关专业书店	
开　本：720mm×960mm　1/16		印　张：14	
版　次：2016 年 6 月第 1 版		印　次：2016 年 6 月第 1 次印刷	
字　数：200 千字		定　价：48.00 元	

ISBN 978-7-5130-4197-3

出版权专有　侵权必究

如有印装质量问题，本社负责调换。

序

2015 年山西省 GDP 增长 3.1%，排名全国倒数第二，仅略高于辽宁省。当前山西省既面临"三期叠加"延续、"三去一降一补"任务艰巨、经济下行压力增大的困境，又作为传统的资源大省而承受着其独有的困扰："一煤独大"局面亟待改善、结构性矛盾突出、产业结构转型迫在眉睫。从经济产业链条来看，能源型产业处于链条的前端，当经济下行时，首当其冲受到冲击的是能源型产业和地区。

如何实现产业结构优化和转型发展、如何缓解经济下行压力并应对挑战是摆在众多研究学者面前的重要课题。产业结构优化问题，特别是寻找金融支持产业结构的路径是当前山西亟待解决的现实问题，需要结合经济理论进行一定的实证分析。本书作者冯江茹工作以来一直从事产业结构转型与经济增长方面的研究，在产业结构优化测度及对产业结构与经济增长关系等方面形成了一定积累，这也构成本书的研究基础。

《金融发展、产业结构优化与经济增长——山西产融结合新思路》一书从山西实际问题出发，采用定性和定量分析相结合的方法，探讨了山西金融发展、产业结构优化与经济增长关系及作用机理。该书在全面梳理相关理论和国内外文献基础上，探讨了金融发展支持产业结构优化的作用机理，并详细分析了山西产业结构和金融发展现状，在此基础上使用分位数回归和状态空间模型分别实证研究了山西产业结构对经济增长的影响路径及山西金融发展对其产业结构合理化和高度化的影响，与此同时总结了国外相关经验做法，为山西金融发展支持产业结构优化，并最终促进经济增长提供借鉴。

结合实证分析结果，该书紧密结合山西实际问题提出了相关对策建议，有一定的理论意义和实际应用价值。相信该书的出版能起到一定的抛砖引玉作用，吸引越来越多的学术界同仁和青年学者关注和探讨山西产融结合思路，推动产业结构优化和经济转型发展。

靳共元

2016 年 3 月

前　言

　　产业结构、金融发展与经济增长之间的关系一直是经济领域中的重点话题。改革开放以来中国经济经历了一段高速增长时期，但也相应伴随着出现产业结构优化的问题，与此同时金融在国民经济中的作用愈加明显。当前，受国际国内形势影响，山西在这两个方面所面临的问题则更为明显：其一，主导产业延续低迷，产业结构单一，煤炭型产业工业增加值占全省工业增加值的80%以上，煤及相关产业焦炭、冶金、电力规模以上企业主营业务收入占全省一半以上；其二，金融发展相对滞后，企业融资渠道不畅，金融机构"存贷比"大大低于全国平均水平，直接融资渠道的运用更为落后，上市公司仅为37家，股票、债券等资本市场融资工具使用很少。因此，产业结构优化问题对当前处于转型关键期的山西，成为必须关注的重点问题。如何通过政府和市场"两只手"的合作实现资本流向与产业优化协调的政策目标，最终提升经济运行效率是当前山西经济发展亟待解决的课题，也成为本书的主要研究内容。本书选择以金融发展支持产业结构优化、产业结构优化促进经济增长的影响机理为研究主题，通过对产业结构优化、金融创新等问题的研究，分析如何通过金融支持实现山西产业结构转型发展，通过政策引导合理的资金流动实现产业结构优化及经济稳定增长，并结合山西实际提出对策建议。本书关于产业结构、金融发展与经济增长关系的研究丰富了经济发展相关理论，所得结论一定程度上也将为面临资源结构转型问题的其他地区提供借鉴和参考。

本书共分为九章。第一章为导论，依据"提出问题——分析问题——解决问题"的基本研究思路，在概述现实问题的基础上，提出本书的研究范畴和主要问题；第二章为产业结构相关理论与文献综述，从国内外文献入手，对产业结构的相关理论做出系统回顾和总结；第三章为产业结构优化的金融作用分析，阐释了产业结构优化过程中金融支持的作用机制；第四章和第五章分别介绍了山西产业结构发展的现状和山西金融发展支持产业结构优化的特点，以揭示山西金融支持产业结构优化方面的问题；第六章是山西产业结构优化的测度及对经济增长的影响，在对山西产业结构合理化和高度化进行测度的基础上，定量分析了它们对经济增长的影响机理；第七章为山西金融发展支持产业结构优化的实证研究，从金融总量、金融结构、金融效率三个角度探讨金融发展对产业结构优化的影响路径；第八章是金融支持产业结构优化的国际经验及启示，介绍了具有典型借鉴意义的美国、日本、印度等国的相关经验和做法；第九章是本书的研究结论和相关政策建议。

本书是山西省软科学基金项目"基于金融支持的山西产业结构优化问题研究（编号：2015041007-1）"的阶段性成果，感谢山西财经大学靳共元教授、太原师范学院原玉廷教授对本书框架的不吝指导。经济理论和实践无定式，限于作者的学识、精力和时间，本书的内容存在诸多不足之处，恳请专家同行和各位读者批评指正。

冯江茹

2016 年 3 月

目　录

第一章　导论

1.1　研究背景与研究意义

1.1.1　研究背景

受国际、国内经济形势影响，山西经济在 2015 年遭遇了断崖式下跌，并面临着煤炭资源价格持续走低、传统产业产能过剩、经济下行压力加大等困难和挑战。在 2015 年 8 月 28 日山西省委省政府组织的"2015 年，中央企业山西行"中，山西省省长李小鹏直言不讳地表示："山西省的经济仍然处在最困难的时期。"根据《山西省国民经济和社会发展统计公报》，2015 年山西全年生产总值 1 2802.6 亿元，按可比价格计算，比上年增长 3.1%，增速创 34 年来新低。导致山西经济出现如此状况的原因是多方面的，然而从国外经验和历史发展来看，产业结构一直都是影响山西经济增长的重要原因。长期以来，山西形成了煤炭、化工、钢铁、冶金等主导产业，这些产业曾吸纳了大量的就业人口，创造了大量的税收。然而随着国际、国内经济形势的变化，目前，这些产业均出现了利润锐减、产能过剩的现象，在市场的恶性竞争下快速走向衰落，使山西经济面临了很大的压力。因此产业结构转型升级不仅是当今世界发展的潮流、时代的主题和中国改革发展阶段的重要特征之一，更是新常态下山西加快经济发展方式转变、摆脱"资源诅咒",实现经济持续健康发展的必然选择。

目前,作为全国资源依赖型经济的典型代表,山西产业结构转型不可避免地面临着以下诸多问题。(1)资源依赖思维锚定,国有企业改革动力不足。山西经济是典型的资源型经济,煤炭型工业增加值占全省工业增加值的70%左右。长时期高强度、粗放型的资源开发模式,形成了资源依赖的发展惯性和思维定式,满足于资源优势下的传统思维,对科技创新投入不足。与此同时,也形成了占山西主体地位的国有企业改革动力不足。(2)产业结构单一,经济发展过度依赖第二产业。长期以来形成的以能源和原材料工业为主的重型工业结构,导致产业科技含量低,三次产业发展不够协调,第二产业内部结构不优,整体发展水平较低。(3)资源综合利用度不高,产业链条延伸不足。煤炭、冶金、焦炭、电力产业初级化、技术装备落后,在开发、加工、转化过程中形成一种粗放型生产经营方式,致使资源利用环节损失较大,缺乏产品深加工和产业链的延伸。(4)金融业发展水平滞后,缺乏对产业结构优化的有效支撑。山西金融体系不完善,地方金融发展缓慢的问题明显,资产总量不大,传统存贷业务仍占主导地位,金融工具偏少,同质化经营严重,缺乏特色和规模效应,金融观念落后,现代金融工具创新不足,导致了产业结构转型过程中的资金"瓶颈"。

面对这些问题,政府也已经意识到产业结构优化问题在山西实施产业结构调整战略中占有重要地位。早在 2010 年,山西即被确定为"综改试验区",但目前来看,无论是从改革实施的方向,还是从改革实施的力度等方面,都需要进一步地深入和探讨。在此背景下,剖析山西产业结构的演变趋势和特征及其与经济增长的关系,对化解产能过剩,实现山西转型发展,并最终走出困境,乃至加快全国产业结构的优化升级,进而保持经济平稳发展都有着重要意义。同时,在产业结构优化过程中,离不开大量的资金运作,离不开金融的支持。作为金融,既源于实体经济,又服务于实体经济。金融在山西结构调整、转型发展中具有特别重要的作用。一方面，金融在市场化配置中具有重要的核心作用，资金配置到哪里，物质、技术、劳动力等生产要素就在哪里集聚，因此山西调整产业结构离不开金融的资源配置功能。另一方面，有效的金融运行可以直接放大或者制约经济发展中的投资规模和发展速度，为山西产业结构调整和转型升级提供重要的支撑。因此，实现山西金融发展对产业结构优化的促进，并进一步带动经济走出困境，需要在明晰山西产业结构和金融发展现状的基础上，具体分析它们之间的作用机理，并结合国外和历史经验，提出切实可行的政策建议。

1.1.2 研究意义

山西作为典型的煤炭资源型省份，资源型产业结构特征明显，所面临的产业结构调整与优化问题尤为突出。金融作为经济发展的助推器，通过金融市场将社会资金在各个企业和部门间优化配置，直接影响产业结构优化升级的水平和速度。因此，本书研究目的在于通过深入探讨产业结构优化对经济增长的影响和山西金融与产业结构优化的关系及作用机理，为在山西加快转型时期撬动金融因素推动产业结构优化升级，并最终推动经济增长提供理论依据，并在此基础上提出相应的政策措施和改革建议，以供相关部门参考。

理论上，本研究对开拓产业结构理论和实证研究的新领域，构建产业结构优化研究的经济研究范式，以及丰富金融发展促进经济增长理论都有一定的科学价值；实践上，本研究可为实现山西转型发展，乃至实现全国产业结构优化升级，以及为其他资源型地区有关部门制定科学高效的产业结构，调整政策和区域金融政策提供有价值的参考。

1.2 研究思路与研究方法

1.2.1 研究思路

本书紧密结合山西产业结构现状和金融发展实际，围绕"山西产业结构优化对经济增长的影响"和"山西金融发展对产业结构优化的支持"两条主线，遵循"文献梳理——理论分析——模型建构——实证研究——政策建议"的脉络体系，分析新常态下山西经济转型发展的现状，为实现山西产业结构优化调整、减缓经济下行压力、实现可持续发展寻找应对之策和可行路径。

首先，对国内外相关文献及理论进行梳理和总结，指出现有研究的贡献以及有待深入与拓展之处，明确项目研究思路，并为下一步进行实证研究提供理论支撑。其次，运用历年经济和金融相关数据多角度详细探讨山西产业结构总体发展现状、三次产业内部结构状况、产业结构优化存在的问题，山西金融业总体及银行业、证券业和保险业各自的发展情况，并分别研究信贷市场、金融效率和资本市场对山西产业结构优化的影响现状。再次，构建产业结构合理化和高度化的测度指标，并分别对山西的合理化和高度化水平进行测度，在此基础上采用1978—2014年的经济数据，运用分位数回归方法定量分析产业结构合理化和高度化对山西经济增长的影响。与此同时，将金融发展从金融总量、金融结构、金融效率三个角度进行测度，并运用可变参数状态空间模型定量研究金融发展对山西产业结构优化的影响。最后，对全书进行总结，并在结合实证研究所得结论和借鉴国外经验的基础上，为山西金融支持产业结构优化，以及促进经济可持续发展提出政策建议。

1.2.2 研究方法

（1）实证分析与规范分析相结合。本书在考察山西产业结构优化对经济增长的影响，以及金融发展对产业结构优化的影响作用时，既着眼于"应该是什么"的价值判断，又进行了"实际上是什么"的客观事实的阐释。本书从实证分析的角度对山西的金融发展和产业结构状况进行客观的描述和解释，着眼于"实际上是什么"，然后进行规范性分析，着眼于"应该怎么样"，以此提出相应的政策措施和改革建议。

（2）定性分析与定量分析相结合。定性分析为定量分析提供理论框架和思路，同时定量分析支持定性分析。本书对山西产业结构、金融发展的演变及经济发展情况进行定性分析，对变量之间的关系运用分位数回归方法、可变参数状态空间模型等统计计量方法进行定量研究，二者相辅相成，互为补充。

（3）宏观分析与微观分析相结合。微观分析以单个经济变量为研究对象，宏观分析以总量研究为特征。在本书的研究过程中，需要从宏观角度分析变量之间的相关关系；同时从微观角度分析金融发展和产业结构各个要素的运行机制，分析其现状以及存在的问题，最后提出解决问题的方法。

（4）纵向比较与横向比较相结合。本书以时间为维度，采用纵向比较的方法，分析不同时期山西产业结构合理化和高度化对经济增长的影响，以及金融发展对产业结构优化的影响。与此同时，采用横向比较的方法，将山西的具体情况与全国作比较，以此作为参考来找出山西存在的问题，并充分借鉴先进地区的经验，在此基础上提出正确可行的政策建议。

1.3 研究内容与技术路线

1.3.1 研究内容

本书以西方经济学、产业经济学、金融学、统计学、计量经济学等学科的相关理论为指导，以产业结构理论和经济增长理论为基础，探讨产业结构优化问题及其与经济增长的关系；以金融对资源的二次配置为理论基础，建立金融支持产业结构优化的机理架构，核心是金融支持产业结构调整的机制。然后，运用理论分析与统计分析并重、实证分析与规范分析相结合的研究方法，对山西产业结构和金融发展的现状及问题进行分析。在此基础上，运用计量模型对统计资料进行定量分析与评价，研究山西产业结构优化的测度及其对经济增长的影响和山西金融发展与产业结构优化的关系，并结合专家咨询以及定性分析、判断与综合，对定量模拟结果进行合理性检验，得出最终研究成果。研究结论将为山西制定科学高效的金融发展方式和产业结构优化政策，提供重要的指导依据。

本书整体布局遵循"发现问题——分析问题——解决问题"的总体思路，主要包括以下九章的内容。

第一章，导论。本章主要介绍本书的研究背景、研究意义、主要研究思路、研究方法、研究内容以及所遵循的技术路线。

第二章，产业结构理论。本章主要探讨产业结构与经济增长相关理论基础，具体从产业的含义、产业结构的含义及分类方法、产业结构的演变规律、国内外学者关于产业结构与经济增长关系的定性及定量研究的文献综述，以及产业结构优化等方面展开论述，为论文下一步研究进行铺垫。

第三章，产业结构优化的金融作用分析。这部分内容主要对产业结构优化与金融支持进行一般理论分析，并着重阐述产业结构优化过程中金融支持的基本原理和作用机制，为金融支持山西产业结构优化提供理论支撑。

第四章，山西产业结构发展状况分析。资源禀赋是影响产业结构的重要因素，山西产业结构的形成与其资源禀赋状况有密切的联系。因此，本章将在分析山西资源禀赋现状与其自然资源禀赋特征的基础上，客观阐述山西资源型经济的发展现状，并运用1952—2014年的经济数据探讨新中国成立以来山西产业结构的发展演变及阶段性特征。与此同时，深入分析山西三次产业结构总体发展状况，并运用近年来山西各行各业经济发展数据详细探讨山西三次产业的内部结构，在此基础上找到山西经济发展及产业结构优化存在的问题。

第五章，山西金融发展及其支持产业结构优化状况分析。本章首先运用近年来山西金融发展的相关数据分析山西金融业的总体发展状况，并从分行业角度详细探讨山西银行业、证券业和保险业的发展状况；其次分别研究信贷市场、金融效率和资本市场对山西产业结构优化的影响现状，以期寻找山西金融支持产业结构优化方面存在的问题。

第六章，山西产业结构优化的测度及对经济增长的影响。产业结构优化与经济增长关系密切，包括合理化和高度化两个方面。本章构建了产业结构合理化和高度化的测度指标，并分别对典型资源型省份山西的合理化和高度化水平进行测度，然后采用1978—2014年的经济数据，运用分位数回归方法定量分析它们各自对经济增长的影响。

第七章，山西金融发展支持产业结构优化的实证研究。经济发展和产业结构优化离不开金融的支持，探讨金融发展对产业结构优化的作用具有重要意义。本章首先对产业结构优化进行界定，将其分解为产业结构合理化和高度化两方面并分别进行测度；其次将金融发展从金融总量、金融结构、金融效率三个角度进行测度，并在此基础上运用可变参数状态空间模型研究金融发展对产业结构优化的影响，最后根据实证结果提出相应政策建议。

第八章，金融支持产业结构优化的国际经验及启示。本章主要选取具有典型借鉴意义的美国、日本、印度等国金融支持产业结构优化的相关做法，通过对比分析，得出金融支持产业结构优化的国际经验对山西的启示。

第九章，结论和政策建议。这一部分主要是对全书研究内容的一个总结，与第一部分内容遥相呼应，并就山西金融发展如何支持产业结构优化问题提出若干政策建议。

1.3.2 技术路线

结合以上研究思路和研究方法，本书内容的技术路线安排如图1-1所示。

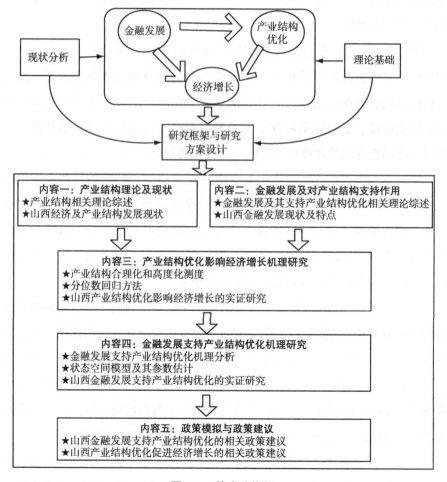

图 1-1　技术路线图

第二章　产业结构理论

2.1　产业及产业结构

2.1.1　产业的含义

　　产业的内涵，是随着社会生产力的发展而逐步完善发展的。在重农学派的时代，产业主要是指农业，这时手工业依附于农业，尚未形成独立的产业。在资本主义大工业产生以后，工业对整个社会经济的影响日益重要，在经济理论的研究中，这时的产业曾用来专指工业。马克思主义政治经济学说曾把产业视为物质资料生产部门。到了近现代，社会分工更加明确，工业、农业、建筑业、商业、运输业等均有了相当规模的发展，特别是服务部门得到了极大的发展，出现了"经济服务化"，因此作为经济研究对象的产业内涵也亟须重新界定。产业的内涵和外延都得到了充实和扩展，凡是有投入和产出的经济活动都被列入产业的研究范畴。于是，凡是有投入产出活动的行为和事业，都列入产业活动之内。这样，产业的内涵，不仅包括生产领域的活动，还包括流通领域的活动，而且把为生产、生活服务的活动也纳入产业活动中，从而使产业的内容大大扩展，既包括生产部门、流通部门，又包括服务部门、文化教育以及公共行政事务等部门。

　　产业作为经济单位，介于宏观经济与微观经济之间，属于中观经济。

它既是国民经济的组成部分，又是同类企业的集合，因此准确把握产业这个概念，对产业经济研究具有很强的现实意义。

首先，产业是一个历史的范畴，是伴随着社会经济和社会分工的发展而产生和发展的。从社会分工角度来看，它是一般分工和特殊分工的现象。从经济发展的历史看，一般分工主要发生在两个历史阶段，一是手工业从农业中分离出来，逐步形成独立的生产部门，此时的社会生产由工业和农业两大物质生产部门组成，这是第一次发生的一般分工；二是当生产力水平发展到一定时期以后，为生产和生活提供服务的行业逐步独立出来，形成相对独立的服务部门，如咨询服务业、旅游业、文化产业等，这是现代经济发生的第二次一般分工。特殊分工是在一般分工的基础上发生的，由于生产的社会化程度日益提高，科技进步对社会生产的影响更加明显，生产专业化更加深入，在此基础上，在原来的生产部门中又分离出新的行业和部门。例如，工业中分出机器制造业、冶金工业、化学工业等行业；机械制造业又分出农业机械制造业、采矿机械制造业、汽车制造业等不同业种，以及在新的技术基础上出现化纤工业、原子能工业等新的生产行业等。可见，产业是一般分工和特殊分工的表现形式，尤其是特殊分工，它是产业形成的主要形式。

随着社会生产力的发展和科学技术的进步，社会经济活动变得更加复杂，各种物质生产活动和非物质生产活动日益紧密地结合起来。此时，不仅表现为物质生产领域的社会分工日益深化，在非物质生产领域里社会分工也得到了极大的发展，从而使产业的范畴大大扩展。近代经济研究中提出"三次产业"（大分类）的观点，就是对产业范畴更加深入的理解与概括。

其次，从静态的角度看，产业是一个多层次的范畴。当我们以国民经济的宏观视角为研究对象时，一般分工就成了我们研究的重点，这时我们更关心的是诸如农业、工业这个层面的产业概念。当我们的研究目的是更为具体的中观经济活动时，大类分工下面的特殊分工就成了关注的焦点。因此，界定产业范畴，不能忽视在微观与宏观经济之间多层次地形成产业的现象，只有把握产业范畴的这个特征，才能系统地了解和把握产业变动的规律性。

再次，从动态角度来看，产业和产业之间存在极其复杂的直接和间接的经济联系。不同的产业，作为不同的经济单位，形成自变与因变之间的函数运动，使全部产业成为一个有机的系统。一个产业的存在，会成为其他产业出现和发展的条件，而且一个产业内部结构的变化，也会直接或间接引起其他产业的变化。

根据以上分析，产业作为一个经济单位，必须满足如下的质和量的规定性：①产业是处于宏观经济与微观经济之间，从事同类物质生产或相同服务的经济群体；②产业是与社会生产力发展水平相适应的社会分工形式的表现，是一个多层的经济系统，如部门、行业、业种；③产业与产业之间存在直接或间接的经济联系，整个产业构成一个具有函数关系的经济系统；④产业是有投入和产出效益的活动单位。

上述"从事同类物质生产或相同服务的经济群体"的"同类"或"相同"的含义应理解为：①从需求方面说，是指具有相互密切竞争关系的商品或服务；②从供给方面说，是指生产技术、工艺相近的物质生产和经济性质相同的服务业。

根据上述研究得出，由于产业范畴的规定性，在实际分析产业问题时，应以一般分工形式和特殊分工形式所形成的多层产业活动为范围，如按部门（大分类）进行，或者按部门内部进一步分离的行业（种）以及业种（亚种）来进行。实际上，往往要从多方面进行观察，才能正确揭示产业发展的复杂规律，即根据不同的分析目的，对产业进行相似的组合和分类。如将社会生产划分为生产资料生产和消费资料生产两大部类，依据一般分工形式将国民经济分为顺次发展的三次产业，把工业部门分为加工工业和基础工业，以及工业部门内部又将加工工业分成一般机器制造业和汽车、家电制造业等。

2.1.2 产业结构的含义

一般来说，"结构"是指事物的各个构成部分的组合及其相互关系。产业结构是指国民经济中产业的构成及其相互关系。"产业结构"这一经济范畴，从经济学发展史上看，可以说是一个新的概念，它的应用始于 20 世纪 40 年代。开始时，这一概念既可用来解释产业内部的企业关系，也可解释为各个产业间的关系结构。产业组织理论的创始人之一贝恩（J. S. Bain）在其 1966 年出版的著作《产业结构的国际比较》中，就将产业结构解释为产业内部的企业关系。在日本，早在 20 世纪 50 年代中期制定经济发展战略的讨论中，产业结构就用于概括产业之间的关系结构。

随着对产业经济研究的逐步深化，产业结构的概念和研究领域也逐步界定下来。现在一般公认的产业结构专指各产业间的关系结构。按照产业结构研究内涵和外延的不同，对产业结构的研究有"狭义"和"广义"之分。狭义产业结构的内容主要包括：构成产业总体的产业类型、组合方式，各产业之间的本质联系，各产业的技术基础、发展程度及其在国民经济中的地位和作用。广义产业结构除了狭义产业结构的内容之外，还包括产业之间在数量比例上的关系，在空间上的分布结构等。

产业结构的基本含义，可从两个角度来考察：一是从"质"的角度动态地揭示产业间技术经济联系与联系方式不断发展变化的趋势，揭示经济发展过程中国民经济各产业部门内起主导或支柱地位的产业部门之间不断替代的规律及其他相应的"结构"效益。二是从"量"的角度静态地研究和分析一定时期内产业间联系与联系方式的技术经济数量比例关系，即产业间"投入"与"产出"的量的比例关系。

从区域分布来看，产业结构是指国民经济各产业的区域分布状态。产业总是在一定的空间上形成和存在的，产业的定向分布合理与否，对一个国家的资源配置效果具有重要的影响。如果产业的区域分布有利于发挥各地区生产要素和自然资源的禀赋优势，各地区能够提供成本较低的产品和劳务，则基本上可以认为这种产业的区域分布是合理的，有利于宏观经济效益的提高。因此，产业结构通过产业间质的组合和量的规定，构成产业间经济资源的分布结构，这种结构既是产业间的数量比例关系，又是产业间质的联系的有机耦合；既是动态比例的关系，又是区域分布动态关联的发展。

2.1.3　产业结构的划分方法

从产业结构发展的历史和研究角度出发，人们对产业进行了不同的分类，产业分类是研究产业发展的基础，是经济发展到一定历史时期产业变化的反映。目前，产业结构的分类方法有两大部类分类法，三次产业结构分类法，标准产业分类法，生产结构产业分类法，按要素的集约程度分类法等（臧旭恒，2015）。

产业结构主要的和普遍的量化表达是三次产业的相互关系。新西兰经济学家费歇尔❶于 20 世纪 30 年代首先提出三次产业概念。他在 1935 年所著的《安全与进步的冲突》一书中，认为人类的经济活动可分为三次产业，即所谓的第一产业（primary industry），第二产业（secondary industry）和第三产业（tertiary industry）。其中，第一产业是人类第一个初级生产阶段相对应的农业和畜牧业；第二产业是和工业大规模发展阶段相对应的，以对原材料进行加工并提供物质资料的制造业为主；第三产业是以非物质产品为主要特征的，包括商业在内的服务业。在费歇尔三次产业分类的基础上，英国统计学家科林·克拉克利用三次产业分类方法对经济发展和产业结构

---

❶ 费歇尔出生并生长在英国，后移居澳大利亚任教，最后在新西兰定居。

变化之间的关系进行了实证研究。这种分类方法首先得到了澳大利亚和新西兰统计学界的承认，并正式出现在澳、新两国政府的统计手册中。克拉克在1940年出版的《经济进步的条件》一书中，提出了以经济活动与消费者的关系作为分类标准，第一产业为广义的农业；第二产业也称工业，包括矿业、制造业、建筑业和水电气等工业部门；第三产业也称服务业，包括商业、运输业、金融保险业、政府服务和其他非物质生产部门。克氏的三次产业划分法为越来越多的经济界人士所接受，20世纪50年代后期逐步在许多国家经济统计中被采用。三次产业的划分，是社会分工深化和产业结构演变的要求，因此得到了普及和应用，并且费歇尔和克拉克被公认为是三次产业分类法的创始人。

为了统一国民经济的统计口径，联合国于1971年颁布了《全部经济活动的国际标准产业分类索引》，把全部的经济活动分成十大项，每大项又分成若干中项，每个中项下面又有若干小项，每小项又分为若干细项，其十大项是：①农业、狩猎业、林业和渔业；②矿业和采石业；③制造业；④电力、煤气和供水业；⑤建筑业；⑥批发与零售业、餐馆和旅店业；⑦交通业、仓储业和邮电业；⑧金融业、不动产业、保险业和商业性服务业；⑨社会团体、社会及个人服务业；⑩不动产分类的其他活动。

三次产业分类和联合国制定的标准产业分类保持着稳定的关系，三次产业的扩展形式即联合国的标准产业分类形式。

我国目前的产业结构是根据国家统计局2011年发布的《国民经济行业分类》划分的，第一产业是指农、林、牧、渔业；第二产业是指采矿业、制造业、电力、热力、燃气及水生产和供应业、建筑业；第三产业是指除第一、第二产业以外的其他行业，具体来说，包括批发和零售业、交通运输、仓储和邮政业、住宿和餐饮业、信息传输、软件和信息技术服务业、金融业、房地产业、租赁和商务服务业、科学研究和技术服务业、水利、环境和公共设施管理业、居民服务、修理和其他服务业、教育、卫生和社会工作、文化、体育和娱乐业、公共管理、社会保障和社会组织、国际组织。

本书的产业分类主要是根据我国现行的产业划分方法，这是基于统计资料获取的便利。

2.2　产业结构的演变规律

2.2.1　产业结构演变的一般趋势

考察和把握产业结构演变的一般规律是研究产业结构问题的首要课题。产业结构作为以往经济增长的结果和未来经济增长的基础，成为推动经济发展的主要因素。产业结构是同经济发展相对应而不断变动的，这种变动主要表现为产业结构由低级向高级演变的高度化和产业结构横向演变的合理化，这种结构的高度化和合理化推动着经济向前发展。从许多发达国家和新兴工业化国家的实践来看，产业结构的演变（主要是产业结构的高度化和合理化）有如下规律。

（1）从工业化发展的阶段来看，产业结构的演变经历了五个阶段：前工业化时期、工业化初期、工业化中期、工业化后期和后工业化时期。在前工业化时期，第一产业居主要地位，第二产业有一定发展，第三产业尚未发展。在工业化初期，第一产业地位下降，第二产业较快发展，工业重心从轻纺工业转向基础工业，第二产业居主要地位，第三产业开始发展。在工业化中期，工业重心向高加工度工业转移，第二产业仍居主要地位，但其比重下降，第三产业地位上升。在工业化后期，第二产业比重继续下降，第三产业继续快速发展并居主要地位。在后工业化时期，信息产业居主要地位。

（2）从主导产业的转换过程来看，产业结构的演变经历了以下阶段：

农业为主导的阶段、轻纺工业为主导的阶段、基础工业为主导的阶段（或重化工业为主导的阶段）、低度加工型工业为主导的阶段、高度加工组装型工业为主导的阶段、第三产业为主导的阶段和信息产业为主导的阶段。

（3）从三大产业的内在变动来看，产业结构的演变是沿着以第一产业为主导到以第二产业为主导，再到以第三产业为主导的方向发展的。第一产业内部经历了从粗放型农业到集约型农业、再到生态农业的发展；第二产业内部经历了从轻纺工业为主到基础型重化工业为主、再到加工型重化工业为主的发展；第三产业内部经历了从传统服务业到现代服务业的转变。

（4）从资源结构的变动来看，产业结构经历了以劳动密集型产业为主，到资本密集型产业为主，再到知识或技术密集型产业为主的演变过程。

（5）从与市场的关系来看，产业结构经历了封闭型、进口替代型、出口导向型等阶段的发展。

2.2.2 产业结构演变规律的理论考察

在商品经济的发展过程中，随着科技进步和生产社会化程度的提高，随着分工的深化和市场深度、广度的扩展，产业结构的演变发展也会表现出一定的规律性。国内外学者对产业结构的变动规律进行了大量研究，总结出了产业结构变动的许多理论依据。现在就对这些理论做一些介绍。

1. 经济发展同产业结构的演变——配第—克拉克定理

在产业结构理论中，最著名的学说就是英国经济学家 C. G. 克拉克提出来的有关经济发展中就业人口在三次产业中的分布结构如何变化的理论。17世纪的英国经济学家威廉·配第在其代表作《政治算术》一书中指出：制造业比农业收入多，商业比制造业能够得到更多的收入。配第对各个产业收入不同的描述，揭示了产业间收入相对差异的规律性，被后人称为"配第理论"。克拉克在研究劳动力在三次产业之间转移的变化规律时提出，随着经济的发展，第一产业的就业人口比重将不断减少，而第二、第三产业的就业人口比重将增加。这一发现被称为"配第—克拉克定理"。该理论的三个重要前提如下。

第一，克拉克对产业结构演变规律的探讨，是以若干国家在时间推移中发生的变化为依据的。这种时间序列意味着经济发展，也就是说，这种时间序列是和不断提高的人均国民收入水平相对应的。

第二，克拉克在分析产业结构演变时，首先使用了劳动力这一指标，考察了伴随经济发展，劳动力在各产业中的分布状况将发生的变化。后来，克拉克、库兹涅茨和其他学者又以国民收入在各产业的实现状况，对产业结构做了进一步研究，发现了一些新的规律。

第三，克拉克对产业结构的研究是以三次产业分类法，即将全部经济活动分为第一产业、第二产业和第三产业为基本框架的。

根据以上三点，克拉克搜集和整理了若干国家按照年代的推移，劳动力在第一、第二、第三产业之间移动的统计资料。他认为，劳动力从第一产业转向第二、第三产业是由经济发展中各产业间出现收入（附加价值）的相对差异造成的。人们重视由低收入产业向高收入产业转移。这不仅可以从一个国家经济发展的时间序列分析中得到印证，而且还可以从处于不同发展水平上的国家在同一时点上的横断面比较中得到类似的结论。人均国民收入水平越高的国家，农业劳动力在全部劳动力中所占的比重相对来说越小，而第二、第三产业劳动力所占的比重相对来说就越大；反之，人均国民收入水平越低的国家，农业劳动力所占比重相对越大，而第二、第三产业劳动力所占比重相对越小。

第一产业国民收入及劳动力的相对比重趋于减少的原因主要有以下三个。

（1）第一产业主要是生产生活必需品，而生活必需品的需求特性是当人们生活水平、收入水平达到一定程度后，个人收入中用于支付生活必需品的比例减少，即农产品收入的需求弹性下降。这就是所说的恩格尔系数变化的规律。这种产业间收入弹性上的差异，不仅影响到国民收入的支出结构，使国民收入在产业间的相对比重发生变化，而且还会影响价格。从供求与价格的关系看，需求高增长的产业就较易维持较高的价格，从而获得较高的附加价值；反之，需求低增长的产业则只能维持较低的价格和附加值。因此，农业的低收入弹性使农产品在价格和获得附加价值上处于不利地位，从而使农业所实现的国民收入的份额趋于减少。在第一产业的国民收入相对比重不断减少的情况下，若不把劳动力的相对比重降下来，相对国民收入就要减少。

（2）在第一产业和第二产业之间，如农业和工业之间，其技术进步可能性有很大差别。农业技术进步困难和生产周期长的特点，使农业呈现报酬递减、增产不增收的现象。而第二产业，诸如工业在多数情况下是投资递增。以上二者的差异，使得农业在国民收入增长中处于不利地位。

（3）农业本身也会提高劳动生产率。土地的有限性和农业劳动生产率的提高，必然导致农业劳动力相对比重减少。

第二产业国民收入的相对比重上升，是由于前述人们消费结构的变化驱使工业的收入弹性处于有利地位，同时国民收入中支出于投资部分的增长在不断扩大的工业市场，整个国民收入的支出结构的演变都支持着工业的高收入弹性，从而导致第二产业所实现的国民收入在全部国民收入中的比重上升。

第三产业劳动力相对比重上升的原因。第三产业提供的服务，从发展的观点看，比农业产品具有更高的收入弹性。随着国民收入人均水平的上升，消费"服务"这种商品的需求将越来越大，将会出现人们的消费需求的"超物质化"。第三产业在国民收入中的相对比重必然上升，由此吸引了劳动力向第三产业转移。

2. 库兹涅茨提出的产业结构演变规律

美国著名经济学家库兹涅茨擅长国民经济统计，特别是他有关国民收入的统计，使他在西方获得过"GNP 之父"的美名；1971 年由于他在研究产业结构理论方面的成就，他还获得过诺贝尔经济学奖。库兹涅茨在继承克拉克研究成果的基础上，对产业结构的演变规律做了进一步探讨，阐明了劳动力和国民收入在产业间分布结构演变的一般趋势，从而在深化产业结构演变的诱因分析方面取得了突出成就。他从国民收入和劳动力在产业间的分布两个方面，对伴随经济发展的产业结构变化做了分析研究，收集和整理了 20 多个国家的庞大数据，把三次产业分别称为"农业部门""工业部门"和"服务部门"。

根据对各产业中相对国民收入变化趋势所做的分析，他得出以下结论。

（1）第一产业的相对国民收入（比较劳动生产率）在大多数国家都低于 1，而第二和第三产业的相对国民收入则大于 1，并且从时间角度分析，农业相对国民收入下降的趋势说明，在劳动力相对比重和国民收入相对比重下降的情况下，国民收入相对收入比重下降的程度超过了劳动力相对比重下降的程度。因此，在大多数国家农业劳动力减少的趋势仍没有停止。农业劳动力相对比重的减少，农业实现的国民收入相对比重的减少，是任何国家在发展到一定阶段时的普遍现象。

（2）第二产业的情况是，其国民收入相对比重的上升是普遍现象。当劳动力相对比重的变化，由于不同国度工业化的水平不同且有差异，综合起来看是微增或没有大的变化时，显然相对国民收入（比较劳动生产率）就是上升的。特别是进入 20 世纪以后，在欧美诸发达国家里，劳动力的相对比重一直保持着大体不变的情况。这一点说明，在一个国家的经济发展上，在国民收入特别是人均国民收入的增长上，第二产业作出了较大贡献。

（3）第三产业的相对国民收入（比较劳动生产率），从时间序列分析来看，一般表现为下降趋势，但劳动力的相对比重是上升的。这说明第三产业具有很强的吸引劳动力的特征，但是劳动生产率的提高并不迅速。由于第三产业具有这种对劳动力的强吸附特征，因此往往被人们称为"劳动力的大蓄水池"。一般来说，第三产业是这三个产业中规模最大的一个，无论从劳动力的相对比重还是国民收入的相对比重上看，都占一半以上。

3. 工业结构的重工业化——霍夫曼定理

在西方经济学家中，对工业化过程中工业结构演变规律做了开拓性研究的是德国经济学家霍夫曼。他根据近 20 个国家的时间序列数据，分析了制造业中消费资料工业和资本资料工业的比例关系。这一比例关系就是消费资料工业净产值和资本资料工业净产值之比，其比值就是"霍夫曼比例"，其公式为：

霍夫曼比例=消费资料工业净产值/资本资料工业净产值

所谓"霍夫曼定理"，就是在工业化的进程中"霍夫曼比例"不断下降。霍夫曼根据"霍夫曼比例"的变化趋势，把工业化的过程分成如下四个阶段，见表 2-1。

表 2-1　霍夫曼对工业阶段的划分❶

	消费资料工业净产值/资本资料工业净产值
第一阶段	5（±1）
第二阶段	2.5（±1）
第三阶段	1（±0.5）
第四阶段	<1

资料来源：转引自杨治. 产业经济学导论 [M]. 北京：中国人民大学出版社，1985.

霍夫曼认为，在工业化的第一阶段，消费资料工业的生产在制造业中

---

❶　其中的比例是依净产值（即附加价值）计算的，括号内的数字表示前面的数字作为基准时允许存在的变动幅度。

占统治地位，资本资料工业的生产是不发达的；在第二阶段，与消费资料工业相比，资本资料工业获得了较快的发展，但消费资料工业的规模，显然还比资本资料工业的规模大得多；第三阶段，消费资料工业和资本资料工业的规模达到了大致相当的状况；第四阶段，资本资料工业的规模将大于消费资料工业的规模。

霍夫曼还详细地测算了若干国家的霍夫曼比例数值及其变化。据霍夫曼提供的数据，在 20 世纪 20 年代，这些国家的工业化程度可作如下分类。

处于第一阶段的国家有巴西、智利、印度和新西兰等。

处于第二阶段的国家有日本、荷兰、丹麦、加拿大、匈牙利、南非联邦和澳大利亚等。

处于第三阶段的国家有英国、瑞士、美国、法国、德国、比利时和瑞典等。

处于第四阶段的国家还没有出现。

霍夫曼关于工业化过程中工业结构演变的规律及其工业化阶段的理论，在其问世以来的 30 多年时间里，产生了广泛的影响。然而，霍夫曼的理论也遭到了不少经济学家的诘难。与此同时，霍夫曼理论也将工业化过程中工业结构演变规律的研究推向了新的水平。

梅泽尔斯（A. Maizels）认为，"霍夫曼比例"在运用上有两个问题：一是仅从工业内部比例关系来分析工业化过程是不全面的；二是"霍夫曼比例"忽略了各国工业在其发展过程中必然会存在的产业之间的生产率差异。比如，尽管新西兰和韩国的"霍夫曼比例"是相同的，但很难说这两个国家是处在同一个工业化阶段上。

库兹涅茨则从不使用"霍夫曼比例"去研究经济发展和工业化问题。他曾宣称，在美国的经济发展过程中，看不出存在什么"霍夫曼定理"，因此，根据美国的经验不得不放弃它。库兹涅茨之所以得出这一结论，是因为他发现在美国的经济中资本形成占国民生产总值的比例是长期稳定的。

因此，资本资料工业优先增长的结论是没有根据的。库兹涅茨曾经计算过社会最终产品中生产者耐用资料和建筑材料的比重。计算的结果说明，这两者的比重在一个长时期内看不出上升的趋势。

日本经济学家盐野谷祐一对"霍夫曼定理"做了更为精密和深入的剖析。首先，盐野谷祐一指出，霍夫曼的分类法是不科学的。因为霍夫曼比例中排除了既非消费资料又非资本资料［更精确地说是投资资料（investment goods）］的"中间资料"（intermediate goods）。而且实际上，霍夫曼在无意识中使用的是重工业和轻工业的划分。霍夫曼是以"75%以上的用途"作为划分标准的，但是用这种方法往往难以准确地确定某一行业是属于消费资料工业还是属于资本资料工业。轻工业和重工业的分类同消费资料和资本资料工业的划分并不等同。

进一步地，盐野谷祐一运用国民收入统计中的一种新方法——"商品流动法"（Commodity Flow Method）的原则，重新计算了"霍夫曼比例"。盐野谷祐一使用的计算方法的特点是两个部门的分类实际上是消费资料和资本资料的产品分类，在这两个部门的下面不再存在具体的行业了，这是其一。其二是不是用附加价值（净产值），而使用总产值作为统计量。

从盐野谷祐一的研究中可以得到以下结论。

（1）从美国、瑞典等国的长期时间序列分析来看，制造业中的资本资料生产大体处于稳定状况。

（2）从轻工业和重工业的比例关系来看，重工业比重增大却是一切国家都存在的普遍现象。

（3）在盐野谷祐一的计算中，日本的"霍夫曼比例"明显下降的事实说明，在工业化时期初期，"霍夫曼定理"是适用的。盐野谷祐一指出，凡人均国民收入超过200~300美元（以1950年价格计算）、工业化达到较高水平的国家，消费资料和资本资料的比例（按产品用途来划分）是稳定不动的；处于这个水平以下的，是正在进行工业化的国家，其"霍夫曼比例"

将下降，然后在一定时期又趋向稳定。

那么，为什么在消费资料生产对资本资料生产的比例关系保持不变的情况下，重工业化率却可以上升呢？

一些产业结构研究专家认为，这主要是由重工业内部的消费资料和资本资料的比例发生变化造成的。如果说在"霍夫曼定理"提出的年代，重工业是资本资料工业生产的代名词的话，那么在以后的年代情况就完全不同了。重工业内部消费资料的生产日益占有较大的比例，致使这一部分弥补了轻工业中消费资料比重下降的部分。

关于重工业的内涵，主要包括冶金、机械，广义的重工业还包括化工。这和霍夫曼所谓的资本资料工业是一致的。

属于重工业的各个产业的情况也是不同的，根据表 2-2 的数据，美国的冶金工业在制造业中的比重自 1939 年以来基本上就没有变化，准确地说，还略有下降，而机械工业却上升了很多。

表 2-2　美国制造业结构

年份	制造业净产值（100 万美元）	比重（%）	
		冶金工业	机械工业
1939	24 487	14.6	20.8
1947	74 426	14.4	25.1
1958	141 500	14.5	29.0
1963	192 083	14.5	31.4
1972	352 831	14.2	33.6

资料来源：莜原三代平. 产业结构论 [M]. 日本：筑摩书房，1976.

从日本 1955 年以来的统计数字看，冶金工业在制造业中的比重以出厂销售总额（shipment）计算，1955 年为 17.0%，1971 年为 17.8%，变化甚微；化学工业 1955 年占 11.0%，1960 年为 9.4%，1971 年为 8.0%，是一种下降趋势；机械工业则由 1955 年的 14.8% 急速上升到 1971 年的 32.5%。

由此可见，重工业化的过程，特别是在工业化后期，是靠机械工业的增长来支持的。因此，从总体上看，重工业的比重上升是一种工业化过程中的普遍现象。于是，重工业化率上升的考察就集中到机械工业的产品结构上来了。众所周知，按照产业分类的规定，机械工业中包括自20世纪初以来迅速膨胀的耐用消费品工业，如汽车工业和家用电器工业。汽车工业早已被人称为美国的三大支柱之一，1977年的出厂销售总额是12 000亿美元，美国全部劳动力的20%直接或间接地与汽车工业有关。日本汽车工业的产值1978年已占机械工业总产值的31.3%，占制造业总产值的10.1%。至于家庭电气工业的发展更是有目共睹。

耐用消费品工业企业是其他重、化工业企业最好的主顾。因为它无论对资本资料还是对生产资料，都会形成巨大的需求，是一个生产波及效果很大的产业，而且它主要波及重工业、化学工业。

综上所述，重工业的大发展并不等于牺牲了消费资料的生产。

重工业化率上升的反面，无疑是轻工业在制造业中的比重缩小。其中，最显著的要数纺织工业。以日本为例，1920年，纺织工业在制造业产值中的比重为32.8%，1950年便降到18.2%，1960年为7.8%，1970年又降为5.5%，1979年则只占4%。在世界贸易中，19世纪末纺织品的比重占40.6%，1959年已降到11%。因此，工业化初期，纺织工业是极其重要的，但是在向工业发达的国家前进时，靠纺织工业是不行的，中等发达国家应注意避免纺织工业的投资过剩。

当代工业发达国家的重工业化率已达60%~65%的水平，并且在重工业化率上它们之间的差异并不大。各工业发达国家之间人均国民收入的差异同重工业化率无关。比如，美国的人均国民收入比英国高得多，然而英国的重工业化率反比美国高，难怪库兹涅茨对"霍夫曼定理"不屑一顾。这种现象说明，重工业化的过程并不是无限的，达到一定程度后便会出现一个饱和点。工业化的后半阶段，支持重工业化的主要是机械工业。在机械工业的增长中，耐用消费品工业的增长又是其中的一大支柱。可以设想，一旦耐用消费品的普及达到一定程度，就可能使机械工业的增长慢下来，从而使重工业的增长也趋于停滞。

2.3 产业结构与经济增长

2.3.1 产业结构演变与经济增长的内在联系

产业结构演变与经济增长具有内在的联系。产业结构的高变换率会导致经济总量的高增长率，而经济总量的高增长率也会导致产业结构的高变换率。虽然许多经济学家对经济增长理论有过非常深入和系统的研究，但在相当长时期内，产业结构演变与经济增长的内在联系都没有被发现。随着技术水平的进一步提高，这两者之间的内在联系日益明显。社会分工越来越细，产业部门增多，部门与部门之间的资本流动、劳动力流动、商品流动等联系也越来越复杂。这些生产要素在部门之间的流动对经济增长的影响，逐渐引起了许多专家和学者的注意。他们开始重视研究生产要素在不同产业之间的这些变化，以及与经济增长之间的内在联系。他们注意到，大量的资本积累和劳动投入虽然是经济增长的必要条件，但并不是充分条件。因为大量资本和劳动所产生的效益在很大程度上还取决于部门之间的技术转换水平和结构状态。不同产业部门对技术的消化和吸收能力往往有很大不同，这在很大程度上决定了部门之间投入结构和产出结构的不同。

要了解产业结构演变与经济增长之间的内在联系，须先从分析传统的经济增长理论开始。

1. 传统经济增长理论

传统经济增长理论认为，经济总量的增长是在竞争均衡的假设条件下由资本积累、劳动力增加和技术变化长期作用的结果。需求的变化和资源在产业部门之间的流动被认为是相对不重要的，因为所有部门的资本和劳动都能带来同样的边际收益。

古典增长理论就其增长本身来说是完全将结构因素排斥在外的。亚当·斯密、李嘉图等人的古典经济理论归纳起来即剩余的生产出现了资本积累，资本积累的增加又产生了对劳动力需求的增加，劳动就业的增加又带来了生产规模的扩大和产量的增加；因此剩余再次出现，并刺激资本积累的进一步增加和对劳动力的进一步需求，以及生产规模的进一步扩大和产量的进一步增加，这样的循环过程在下一阶段又将重新出现。他们的增长理论没有把部门之间的资源流动等诸多结构变化当作经济增长的重要因素，因而排斥结构因素在经济增长中的作用。

哈罗德—多马模型（Harrod-domar model）在假定资本和劳动处在固定的技术关系的前提下通过储蓄率和资本产出率（每单位产出所需要的资本投入）把产出和全部实际资本联系起来，从而证明了经济增长率、储蓄率和资本产出率三者之间的关系，即储蓄率（积累率）越高，经济增长率也越高；资本产出率越高（即投资效果越好），经济增长率就越高。哈罗德—多马模型强调了经济增长的原动力是投资，在考虑经济增长率时不仅要注意储蓄率（积累率）的高低，也要注意资本产出率的高低，即投资效果的好坏。投资在这一模型中起双重作用，既创造需求又创造生产能力。哈罗德和多马在古典增长模型的基础上，吸收了凯恩斯的思想，发展了经济增长理论，为发展经济增长理论作出了贡献。但是，这一经济增长模型没有将技术进步因素和结构变化因素考虑进去，从而也排斥了结构因素在经济增长中所起的作用。

索罗将哈罗德—多马模型进行了修正，提出了新古典经济增长模型。他采用总量生产函数来建立经济增长模型，其一般表达式为：

$$Q = f(K, L, t)$$

式中，Q 是国民经济总产出，K 和 L 分别为资本总投入和劳动总投入，t 为时间。这一模型考虑了时间变量 t，即技术进步因素。这里的技术进步被假定为希克斯中性，即源于既定的资本和劳动组合的技术进步可以提高产出，但并不影响资本和劳动的相对边际产出。

新古典增长模型对于揭示经济增长的源泉比以往的增长模型前进了一大步，它非常清楚地显示了技术进步因素对经济增长的巨大作用。丹尼森和肯德里克等人对经济增长源泉进行过深入研究，但他们同样没有把结构因素作为一个变量放进他们的模型中。

很明显，这些传统的经济增长理论始终把结构因素排斥在经济增长源泉之外。

2. 经济增长的结构主义观点

关于经济增长的另一种更为广泛的观点——结构主义观点认为，经济增长是生产结构转变的一个方面，生产结构的变化应适应需求结构变化；资本和劳动从生产率较低的部门向生产率较高的部门转移能够加速经济增长。

传统增长理论与结构主义观点对结构因素的观点有如此之大的区别，其原因是其各自的理论分析的假设前提有很大的差别。传统增长理论的假设前提是均衡竞争，即经济制度有足够的灵活性以维持均衡价格，从而无论从生产者的观点还是从消费者的观点来看，资源都存在长期的有效配置，即达到了帕累托最优（资源配置最优）状态。这就意味着各个部门的要素收益率都等于要素的边际生产率。这样，在任何既定的时点上，部门之间资本和劳动的转移都不可能增加总产出，资源的重新配置仅仅发生在经济扩张时期。结构主义观点没有资源配置最优的假设前提，而认为资本和劳动在不同部门的使用，其收益可能出现系统的差别。结构主义属于"次优论"的范畴。由于种种原因，帕累托最优状态是无法获得的，结构主义的观点是放弃最优化的企图，转而追求"次优"。

许多经济学家，如克拉克、罗斯托和钱纳里等人对经济增长当中的结构因素都做过深入的研究，对丰富产业结构理论做出了重大贡献。他们的研究都表明，产业结构的转变和人均收入增长有密切的联系。例如，克拉克还提出了著名的"克拉克法则"。他们的研究还表明，认识产业结构的变动和资源再分配的作用对于发展中国家比对于发达国家来说更重要，因为发展中国家要素市场的非均衡现象比发达国家表现得更为突出，供给结构、生产结构和需求结构的变化速度更快。

3. 库兹涅茨与罗斯托对现代经济增长本质问题的争论

产业结构演变与经济增长的内在联系已经被许多专家和学者所认同，但对于如何分析和研究这一内在联系，其方法却又有很大不同。有些人从经济总量的角度出发，把产业结构置于总量框架之内，从总量的变化过程来研究产业结构的变化趋势。有些人则从部门的角度出发，强调部门结构变化对经济总量增长的作用，从部门的变化过程来分析经济总量增长的规律。针对这两种分析角度和研究方法的重大区别，许多经济学家曾经进行过热烈的争论，库兹涅茨与罗斯托就是其中突出的代表。库兹涅茨的观点属于前者，而罗斯托的观点则属于后者。

库茨涅茨认为："经济增长是一个总量过程；部门变化和总量变化是互为关联的，它们只有在被纳入总量框架之中才能得到恰当的衡量；缺乏所需的总量变化，就会大大限制内含的战略部门变化的可能性。"在他看来，在结构变化与经济增长的关系中，首要的问题是经济总量的增长，只有总量的高速增长才能导致结构的快速演变。没有总量足够的变化，结构变化的可能性就会大大受到限制。库茨涅茨的主要依据是，消费者需求结构的变动直接拉动生产结构的转换，而消费者需求结构的变化是和经济总量的变化直接联系的。同时，人均产值的增长率越高，消费者需求结构的改变也就越大。根据他的论述，我们可以得出这样的结论：经济总量的高增长率引起消费者需求结构的高变化率，消费者需求结构的高变化率又拉动了生产结构的高转换率。

与库兹涅茨的观点相反，罗斯托则认为，现代经济增长本质上是一个部门的过程。虽然他无意要否定总量的概念，而只是强调部门分析是解释现代经济增长原因的关键。关于这一点，他说："增长在一定意义上并按其定义来说当然是一个总量概念，它表明人均产出有规则地上升。"他认为，现代经济增长根植于现代技术所提供的生产函数的累积扩散之中，这些发生在技术和组织中的变化只能从部门角度加以研究。各个部门当然是相互紧密联系的；收入流动的变化也是有意义的；总量指标和其他任何指标一样，不过是部门活动的总结罢了。罗斯托的依据是：第一，新技术的吸收本来就是一个部门的过程。在他看来，吸收新技术并不是出现在我们所说的国民生产总值或投资这类指数抽象物中，也不是出现在我们称为农业、工业或服务业这类指数抽象物中。技术创新的出现总是与某一特定部门经济上、制度上和社会上的所有问题相联系的。第二，引进新的重要技术或其他创新于某个部门之中，是一个与其他部门以及与整个经济运转纵横交错的极其复杂的过程。他认为，经济增长是主导部门依次更迭的结果。他说："增长的运行，是以不同的模式、不同的主导部门，无止境地重复起飞的经历。"

在产业结构分析中，罗斯托还把经济部门分解为主导增长部门，即主导部门、辅助增长部门和派生增长部门，并进一步分析了各种不同部门在经济增长中的作用。

2.3.2 产业结构变动和经济增长关系研究的文献综述

2.3.2.1 外国学者关于产业结构变动和经济增长关系的研究

1. 产业结构变动对经济增长的影响

产业结构变动主要通过以下几个渠道影响经济增长。

第一，产业结构红利假设（structure bonus hypothesis）。传统的经济增长理论，比如索罗模型，认为经济增长受技术进步、资本和劳动的影响。但是除此之外，经济增长还有新的源泉，即产业结构红利。产业结构红利是指由于国民经济中各个产业的劳动生产率不同，当劳动力等资源由生产率低的产业向生产率高的产业转移时，国民经济就会从中享受到益处，从而获得发展。比如，Vittorio Valli 和 Donatella Saccone（2009）认为，国民经济的增长有两方面的动力，一是行业内部劳动生产率的提高（productivitity effect，也有人称之为 inter-sector effect），这是经济增长的主要动力；二是资源在行业之间的再分配（reallocation effect，也有人称之为 intra-sector effect）。接下来，笔者计算了中印两国经济增长中行业内部生产率提高和行业间再分配分别对经济增长的贡献后发现，印度产业结构变动对经济增长的贡献较大，大约占30%，而中国产业结构变动对经济的贡献很小，有时候甚至出现了负值。

对于产业结构红利假说，也有学者提出相反的观点，即认为不是产业结构红利，而是产业结构负担（structure burden hypothesis）。Baumol（1967）提出的非均衡发展理论（unbalanced growth）是其中的代表。Baumol 在模型中将国民经济分为两个部分：先进的（progressive）行业与非先进的（non-progressive）行业。这两个行业的区别在于先进的行业的劳动生产率以一定的速度复合增长，而非先进的行业的劳动生产率则保持不变。

为了得到结论，笔者又作出了一系列的假设：两个行业的工资率相同，同时以同比例增长；两个行业产出品的需求弹性相同；两个行业产出的比例保持不变，等等。最终得出当各个行业生产率不同时，如果计划使各行业均衡发展，最终会使经济的增长率降为零。结合中国宏观调控较强这一实际情况，Baumol 的模型为中国产业结构变动对经济增长的贡献率较低，甚至成为产业结构负担的现象提供了一种解释。

由于各产业之间生产率的不同，产业结构的变动会对经济产生影响，这是产业结构影响经济增长的核心，因此这方面的研究较多，方法主要是偏离份额法。在行业生产率的基础上，衍生出了一些更加新颖的考虑。比如，Shenggen Fan，Xiaobo Zhang 和 Sherman Robinson（2003）将各行业生产率相等时的 GDP 作为有效率的 GDP（efficient GDP）构造效率指标（efficiency index），并使用效率指标的变化率占 GDP 变化率的比值作为产业结构变动对经济增长的贡献，并得出结论：从 1978 年到 1995 年，我国的产业结构变动对经济增长的贡献率为 17.47%。具体来说，笔者将整个经济分为乡村企业、城市工业、城市服务业以及农业四个方面，构造生产函数，使各个方面的边际生产率相等，以此求出有效率的 GDP，进而计算出效率指标和产业结构变动对经济增长的贡献。

第二，各行业的外部性问题。Michael Peneder（2003）对行业的外部性问题进行了描述。笔者将行业的外部性分为"生产者相关溢出"（producer related spillovers）和"使用者相关溢出"（user related spillovers）。其中，前者是指生产的知识和技能从行业的领域内溢出，而后者是指在使用特定的产品和服务时所产生的外部性。各个行业的外部性并不相同，当外部性较高的行业在国民经济中所占的份额较大时，就会有助于经济的高速增长。反之，经济的增长就会放缓。不仅如此，一些行业的发展会推动另一些行业的发展，比如，计算机和医药等高科技含量的行业会推动科学和教育的发展，从而带来整个经济的繁荣。

2. 经济增长对产业结构变动的影响

虽然产业结构变动会影响经济增长，但是随着自身的发展，经济增长也会反作用于产业结构。经济增长对产业结构变动的影响可以从如下两个方面进行解释。

第一，各行业的收入需求弹性不同。国民收入的增长是经济发展最重要的指标之一，一般经济增长都会伴随着国民收入的增加。而各个行业的收入需求弹性是不同的，随着经济的增长，各个行业面临的需求状况在不断的改变，从而推动了产业结构的变化。经济理论中的必需品和奢侈品是一个很好的例子。必需品是为日常生活所必须的产品，收入需求弹性较小，比如粮食和普通衣服等，大多集中在第一产业；而奢侈品是指超出日常生活需要的产品，收入需求弹性较大，比如音乐会、珠宝等，基本集中在第三产业。随着经济的发展，人们收入的提高，人们对于奢侈品的需求会增加，而对于必需品的需求增加得不多，甚至会减少，从而推动了生产奢侈品的行业的发展，以及生产必需品的行业的相对萎缩，即经济增长影响了产业结构的变动。我国改革开放三十余年来，第一与第三产业比重的下降则从事实上证明了经济增长会从需求的角度影响产业结构。

第二，Schmookler 的需求推动科技进步理论（demand-driven technological progress）：经济增长会导致资本的更快积累，更加先进的机械、科技的应用，以及更短的新知识的运用间隔，这些都会导致经济的进一步发展。但是，Schmookler 认为，这些进步并非是在行业间均匀发生的，而是更加倾向于扩张性的行业（expanding sector），从而推动了某些行业的大发展。简而言之，经济发展所带来的生产率的提高在各个行业的不均匀分配，导致了经济增长会对产业结构变动产生影响。

2.3.2.2 中国学者关于产业结构变动和经济增长关系的研究

尽管国外学者进行了大量的研究，但我国的区域经济增长过程要复杂得多，国外的有些理论并不都适合我国。因此，一个健康的结构和制度的互动才是决定我国区域经济增长的关键。

自 20 世纪 80 年代以来，随着改革开放的不断深入，我国学者对我国产业结构变动与经济增长进行了大量的研究。国内学者对产业结构与区域经济增长的研究与欧美经济学家研究的对象和方法有所不同，更大程度上的是中西结合，即将西方的产业结构理论与中国的实际情况紧密联系起来，根据西方发达国家经济发展的一般规律，以及产业结构理论，提出相应的产业结构调整政策。

杨治（1985）在《产业经济学导论》一书中从宏观角度研究了产业结构变动同中国经济增长的关系。他认为，通过产业政策的制定和运作可实现产业结构、企业结构和区位结构三位一体的协调发展和国民经济的协调、快速发展。他提出，产业结构的变化不仅要考虑振兴什么产业，而且必须反过来考虑要淘汰什么产业，从而才能更加合理地研究产业结构变动的问题。

孙尚清（1988）以中国产业结构演变的原始数据为样本，研究产业结构演变的一般规律和趋势，揭示了中国产业结构演变与西方发达国家产业结构演变的不同特点，并提出了中国近期和中期产业结构的政策。李京文（1998）分析了改革开放以来我国产业结构与经济增长的关系，表明我国的产业结构变动符合产业结构演变的一般规律，三次产业的比例关系有了明显的改善，产业结构正在向合理化方向发展，但与发达国家仍有一定的区别，这与我国所处的经济发展阶段、资源禀赋和国际环境都有很大关系。

刘伟（1995）在《工业化进程中的产业结构研究》一书中阐述了人类经济发展史上解决产业结构转换所面临的共同矛盾，以及发达国家为完成产业结构转换所采取的措施和一般规律。同时，他认为，产业结构演变的过程和工业化、现代化密切相关，在一定程度上，可以把经济增长的实质归结为工业化，进而理解为产业结构演变。他认为，经济增长的主要动力在于工业制造业，工业制造业的结构性扩张❶无论是对 GDP 的增长还是科技进步，或对资本效率及劳动生产率效应的提升，都具有重要的意义。

郭克莎（2001）在区域经济增长和产业结构变动的理论基础上，对中国的经济增长和产业结构变动进行了研究，并从资源配置效应入手，对我国改革开放以来产业间资源流动、产业结构变动对生产率增长和经济增长的作用进行了分析，认为要确保地区经济的良性增长，需要创造一个总量供求基本平衡和产业结构关系协调的经济环境。他指出，我国产业结构问题对经济增长的影响主要有两方面：一是"瓶颈"制约或结构偏差制约；二是结构转变或者结构升级缓慢的制约。

周振华（1988）对经济结构特别是产业结构变动对经济增长的效应机理及实现机制进行了一系列分析他指出，经济结构尤其是产业结构是决定经济增长的一个重要因素。他采用系统研究的方法，以投入产出模型为基础，不仅考察了产业结构内部关联的结构效应，而且从国民产品运动的角度考察了产业供给结构和需求结构的反应程度，揭示了结构弹性效应。他把产业结构作动态处理，引入新的结构变量，分析产业结构与整个外部环境的关联成长效应和结构开放效应。其研究的用意是分析产业结构变动对经济增长的结构效应及其机理，为制定产业结构政策提供基本思路，从而能够选择最佳的产业结构变动模式。这也从另一个方面反映了产业结构变动对经济增长的作用。

刘元春（2003）运用统计分析方法对我国的经济制度变迁、二元经济转型与经济增长之间的关系进行了计量，详细分析出各种因素对中国经济增长的贡献，证明了中国经济高速增长的核心不仅在于渐进式的经济制度改革，而且得益于转轨后的"后发优势"。二元经济转型引起的产业结构的升级，无论在增长质量的改善，还是经济质量的边际贡献上，都高于经济

---

❶ 在国内生产总值（GDP）中的比重上升。

制度的变迁。他指出，我国未来经济改革的核心应当从过去的所有制改革、市场化和开放化转向二元经济转型为主导的产业结构调整上。

蒋振声（2002）运用协整检验、预测方差分解等动态经济计量分析方法，对我国 1952—1999 年的经济增长和产业结构变动的关系进行了实证分析。结果表明，我国存在某种经济机制使二者之间呈现长期稳定的协同互动关系。我国产业结构变动对实际经济增长具有非常明显的影响，而总量经济增长对产业结构变动的影响不显著。我国经济增长目前受到资源和环境的双重约束，从而决定了传统产业增长方式的局限性，因此调整产业结构、转变经济增长方式应当成为我国当前宏观调控政策的重点。

纪玉山（2006）根据协整理论和格兰杰因果关系检验理论，利用 1978—2003 年的时间序列数据进行实证分析表明，我国的经济增长与产业结构之间存在唯一的动态均衡关系，即协整关系。产业结构与经济增长之间短期波动与长期均衡关系存在于根据协整方程建立的向量误差修正模型中，这表明我国产业结构的高度化进程并不是由于经济的高速增长带来的。验证了配第—克拉克定理的正确性，却否定了库兹涅茨的收入决定论，至少在我国，产业结构的演变是经济增长的原因而不是相反。

叶依广（2003）运用 Caldor 模型分析了我国东部、中部和西部工业部门增长效应的差异。他从模型中得出，我国工业部门的边际生产率分别是相应非工业部门的 4.7 倍、2.2 倍和 3.8 倍。他的结论是，工业对国民经济有强大的作用，工业部门的生产率高于非工业部门的生产率，因此将更多资本资源配置到工业部门，有利于提高整个经济的生产率水平，有利于经济持续快速发展。

另外，还有其他学者对产业结构变动与经济增长之间的关系进行了实证研究。郭金龙和张许颖（1998）通过总增长和部门之间增长关系的分析得出，总增长率同部门增长率之间存在一定的关系。他采用钱纳里的回归模型，对我国经济结构变动所带来的整体收益对经济增长的影响进行了分析后，发现，结构变动以及结构变动伴随的资源配置对经济增长的作用是巨大的。余江（2008）通过计量模型计算出 1986—2003 年中国的技术进步和产业结构变动都通过能源消费影响经济增长。其中，技术进步对经济增长的推动作用占绝对优势，而结构变动对经济增长的促进作用相对较小。但是从变动趋势看，技术进步对经济增长的影响越来越小，而结构变动的影响却越来越大，并且这种趋势在 1999 年之后变得更加明显。

除此之外，国内学者也从外商直接投资对中国经济增长、技术进步和产业结构升级等方面所作出贡献的角度，提出外商直接投资不仅推动中国经济的持续增长，而且改变了中国经济增长的方式和推进产业结构升级（江小娟，2002）。在分析决定产业结构优化程度的主要因素和影响机制方面，党耀国（2004）提出，"最优强度轨道"就是能够使经济系统快速增长的产业结构，国家或地区经济增长过程在一定程度上就是产业结构由无序到有序的过程。

2.3.3 常用的量度指标与分析方法

2.3.3.1 常用的量度指标

为了研究产业结构变动对经济增长的影响，首先需要设计度量产业结构的指标，这些指标包括以下五个方面。

1. 简单比例法

简单比例法就是选择某个指标作为衡量基准，分析三大产业结构之间的关系。常见的有以下几种：以劳动力为基准，分析三大产业从业人员的比例关系；以总产值为基准，分析三大产业一定时期内总产值的比例关系；以各个产业产值的增长率为基准，计算此增长率占当年国内生产总值增长率的比例等。这一类的指标较多，也很常见，在文献中通常用于简单描述产业结构的变化。

2. 产业偏离度的衡量

产业偏离度指标，将某行业创造的产值与该行业吸纳的劳动力结合考虑。具体的公式是，利用某产业产值占 GDP 的比重除以该产业吸纳的就业人口占就业总人口的比重，再减 1。如果结果等于零，表明产业结构和就业结构均为均衡状态；如果大于零，说明该行业的生产率偏高；反之，说明生产率偏低。刘涛、胡春晖（2011）利用产业结构偏离度指标，计算了 30 年来西藏的产业结构偏离度，分析了西藏的产业结构状况，并且提出了建议。

3. 产业不对称程度的衡量

这个指标与产业偏离度类似，但不同之处在于产业偏离度是从产出和吸纳劳动力的角度衡量产业的关系，而这个指标看中的则是各个行业不同的增长率，具体公式是：

$$\text{指标} = \sqrt{\frac{1}{n-1} \cdot \sum_{i=1}^{n} (r_i - r^*)^2 \cdot p_i^2}$$

其中，r_i 表示第 i 个行业的实际增长率，r^* 表示该行业均衡状态下的潜在增长率，而 p_i 表示第 i 个行业增加值占国内生产总值的份额。该指标越大，说明产业间发展越不平衡。Xuebing Dong，Shunfeng Song 和 Hui Zhu（2011）利用构造的指标，结合面板格兰杰检验研究了中国产业结构与经济增长的关系，得出了长期来看产业结构和经济增长的波动之间具有双向因果关系的结论。

4. Moore 结构变动值指标

$$M = \frac{\sum_{i=1}^{n} W_{i,t} \cdot W_{i,t+1}}{\sqrt{\sum_{i=1}^{n} W_{i,t}^2} \cdot \sqrt{\sum_{i=1}^{n} W_{i,t+1}^2}}$$

上式中，$W_{i,t}$ 表示 t 时刻第 i 个行业在国民经济中所占的比重；$W_{i,t+1}$ 表示 $t+1$ 时刻第 i 个行业在国民经济中所占的比重。将整个国民经济的每一个产业当做一个空间向量，那么，当某一个产业在国民经济中的份额发生变化时，与其他产业的夹角就会发生变化。把所有夹角变化量累计，就可以得到整个经济系统中各产业结构的变化情况。史常亮、王忠平（2011）分别计算了浙江各个产业的 GDP 和就业人数的 Moore 结构变动值指标，并以此作为变量与浙江的 GDP 一起进行回归分析，得出了浙江三次产业的产出、就业结构变动与经济增长之间存在长期稳定的均衡协同关系，产出结构变动可直接引起经济总体的快速增长的结论。

5. 产业结构高度化的衡量

产业结构高度化的度量，不仅仅是不同产业的份额比例关系的度量，而且也是劳动生产率的衡量。不同于传统的就业份额、资本份额和霍夫曼比值等，刘伟、张辉、黄泽华（2008）提出了一种对产业结构高度化的全新度量方法，并结合了产业之间的比例结构与劳动生产率，即产业结构高度 $H = \sum_{i=1}^{n} v_{it} \times LP_{it}$。其中，$v_{it}$ 是 t 时间内产业 i 的产值在 GDP 中所占的比重，而 LP_{it} 是 t 时间内产业 i 的劳动生产率。同时，为了使产业结构高度化指标不仅可以用于判断工业化的进程，还可以用于国际比较，笔者对劳动生产率进行了标准化，即 $LP_{it}^N = \dfrac{LP_{it} - LP_{ib}}{LP_{if} - LP_{ib}}$。其中，$LP_{it}^N$、$LP_{if}$、$LP_{ib}$ 和 LP_{it} 分别指标准化后 i 产业 t 时期的生产率，工业化完成后 i 产业的生产率，工业化开始时 i 产业的生产率，以及直接计算的 i 产业的生产率。笔者利用构造的指标进行分析，得出了产业结构高度的演变和经济发展水平的提升呈现明显的相关关系，至 2005 年，中国的工业化进程大约走完了三分之一，但是产业之间的发展并不均衡等结论。

2.3.3.2　偏离份额法

偏离份额法的基本原理是把经济的某个组成部分的变化看为一个动态变化的过程，以其所在整个国家的经济发展为参考，将自身经济总量在某一时期的变动分解为三个变量，以分析出结构变化对经济增长的贡献率。由于表达式中显著包含了结构变化的贡献，因此偏离份额法被广泛地用于分析产业结构对于经济增长的影响。其基本形式为：

$$LP^T - LP^0 = \sum_{t=1}^{n} (LP_t^T - LP_t^0) S_t^0 + \sum_{t=1}^{n} (S_t^T - S_t^0) LP_t^0 + \sum_{t=1}^{n} (S_t^T - S_t^0)(LP_t^T - LP_t^0)$$

这是将劳动生产率分解的公式，反映了从 0 时刻到 T 时刻构成劳动生产率变化的各个部分。其中，在产业结构影响经济增长这个大背景下，右端的第一项被称为行业内生产率增长（intra-branch productivity growth）。它反映的是在假设产业结构不变的前提下各行业内部生产率的提高。第二项被称为静态影响（static effect），反映的是在期初劳动生产率的情况下，劳动力向高效率行业转移带来的生产率的提高。第三项被称为动态影响（dynamic effect），反映的是劳动力向更具有活力的行业转移带来的生产率的提高。而产业结构对经济增长的贡献包括第二项和第三项。

如前所述，偏离份额法由于显著包含了结构变化对经济增长的贡献，因此被广泛采用。Marcel P. Timmer 和 Adam Szirmai（2000）利用偏离份额法分析了东亚生产率提高的原因，检验了产业结构红利假说。Mario Cimoli，Wellington Pereira 和 Gabriel Porcile Fabio Scatolin（2011）采用偏离份额法分析了巴西的经济情况，得出了巴西产业结构对经济增长的贡献较差的结论。

尽管偏离份额法被广泛地应用，但是其自身存在着一些缺陷。Marcel P. Timmer 和 Adam Szirmai（2000）就在文章中指出了偏离份额法有如下缺陷：第一，偏离份额法仅仅关注了生产要素的供给方面（supply-side orien-ted），而把需求的变化定义为外生变量，从而忽视了需求的作用。第二，偏离份额法采用的是宏观层面的分析，因此资源再分配的作用被低估了，即有可能在行业等微观层面发生了由于再分配带来的生产率的提高。但是由于偏离份额法只关注较为宏观的层面（一般为三大产业的层面），因此可能会低估产业结构，尤其是产业结构内部变化对经济增长的贡献。第三，传统的偏离份额法没有考虑边际生产率的作用。笔者认为，在传统的偏离份额法中，假设各个行业的要素生产率是相同的，但是这明显与实际情况相悖。当此假设不存在时，即存在低估产业结构影响的可能。比如，某行业向其他行业转移了其过剩的劳动力，这应该是劳动力在行业之间转移产生的产业结构的影响。但是在偏离份额法中，劳动力的减少会提高行业的生产率，从而会反映在行业内生产率增长之中。第四，Verdoorn 效应，即在传统的偏离份额法中，产出和生产率的增长是没有联系的，这个可能是传统模型的一个重大遗漏。

2.3.3.3　灰色关联度分析法

灰色关联度分析是一种统计分析技术，主要用来分析系统中母因素与子因素关系的密切程度，从而判断引起该系统发生变化的主要和次要因素。灰色关联度分析是指在系统发展过程中，如果两个因素变化一致，则可以认为两者关联度较大；反之，则两者关联度小。灰色关联度分析对一个系统发展变化提供了量化的度量，适合于母子因素动态的历程分析。

灰色关联度分析的步骤如下。

第一步，选择参考序列 $X_0 = (x_{01}, x_{02}, x_{03}, \cdots\cdots)$，比较序列 $X_i = (x_{i1}, x_{i2}, x_{i3}, \cdots\cdots)$，其中，$i = 1, 2, 3, \cdots, n$。

第二步，对变量进行无量纲化处理，常用的方法有初值法和均值法等。

第三步，求出差序列、最大差和最小差。差序列为 $\Delta_i(k) = |x_0'(k) - x_i'(k)|, k = 1, 2, \cdots, n|$，最大差为 $M = Max_i Max_k \Delta_i(k)$，最小差为 $m = Min_i Min_k \Delta_i(k)$。

第四步，计算关联系数。$r = (x_0(k) , x_i(k)) = (m + \delta M) / (\Delta_{01}(K) + \delta M)$，$k = 1, 2, \cdots, n$，$i = 0, 1, 2, \cdots, m$。其中，$\delta$ 为分辨系数，一般取 0.5。

第五步，求关联度。$r(x_0, x_1) = \dfrac{1}{n} \sum\limits_{i=1}^{n} r(x_0(k) , x_1(k))$，$i = 1, 2, \cdots, m$。

第六步，分析结果。若 $r(x_0, x_i) > r(x_0, x_j)$，则说明因子 x_i 对参考序列 x_0 的灰色关联度大于 x_j。灰色关联度越大，则说明该组因素与母因素之间的紧密程度越强。

灰色关联度由于其自身可以反映母因素与子因素之间动态关系特点，被运用于分析产业结构与经济增长的关系之中。比如，梁同贵（2010）采用灰色关联度分析，比较研究了各国或地区产业结构变动与经济增长之间的关系，认为产业结构的高度化与经济增长之间存在正关联性，但是中国的产业结构变动与经济增长之间的关系远远没有世界上其他国家与地区那样紧密。又如，李懿洋（2011）采用灰色关联度分析，研究了甘肃产业结构与经济增长的关系，分析了甘肃三次产业与 GDP 之间的灰色关联度，发现第三产业对甘肃经济增长的作用最为明显。

2.3.3.4 回归分析

回归分析是经济学中分析问题最常用的方法之一，其在产业结构与经济增长的关系中也得到了普遍应用。文献中的回归分析大致可以分为以下三类。

1. 简单的线性回归

简单的线性回归在这里又可以分为两类，即基于柯布—道格拉斯生产函数的回归分析和直接的回归分析。前者将在下一部分详细介绍，这里不再赘述。直接的回归分析一般将 GDP 或者其生产率作为被解释变量，进行简单的线性回归，有时也会利用本节中第一部分描述的指标。简单的线性回归具有直接简便等优点，也可以直接看出产业结构等关注的因素对经济增长的贡献率，但是由于产业结构和经济增长往往存在相互影响的关系，严格来说，采用简单的线性回归并不恰当，而且也不能检验相互影响的关系。

2. 构造结构方程，进行时间序列分析

这部分最主要采用的就是基于数据平稳性检验基础上的协整分析和格兰杰因果检验。由于这种回归分析更加符合理论要求，因此得到了广泛的应用。比如付凌辉（2010）运用 ADF 单位根检验、恩格尔—格兰杰两步协整检验、格兰杰因果检验等方法，检验了改革开放以来我国产业结构高度化与经济增长的关系，得到了两者存在长期稳定的关系，经济增长带动了产业结构的高度化，但是产业结构的高度化并未明显促进经济增长的结论。苏辉（2012）采取 ADF 单位根检验、协整检验、格兰杰因果分析、脉冲效应、方程分析和向量误差修正模型（VECM）等方法，对南通产业结构与地区经济增长进行了长期均衡和短期波动的实证分析，得出了第一和第二产业对南通地区 GDP 影响较大而第三产业影响较小，以及在短长期内各个产业对 GDP 影响的结论。金福子、崔松虎（2010）在 ADF 单位根检验的基础上，利用协整检验和向量误差修正模型，以河北省为例研究了产业结构偏离度对于经济增长的影响，得出了在长期经济增长与产业结构偏离度之间存在显著的负相关关系，而短期的影响则不显著的结论，等等。总体来看，由于构造结构方程程序化、规范化较强，国内学者利用其进行研究的文章较多，且涉及了从国家到地方等各个层面。

3. 利用面板数据模型进行分析

与其他回归方法相比，面板数据是近年来才兴起的工具，具有可以缩短所需时间跨度的优点。单纯地使用面板数据，或者将面板数据模型与格

兰杰因果检验相结合，以及使用动态面板等，都在分析产业结构与经济增长关系的领域得到了应用。比如，王焕英、王尚坤、石磊（2010）采用面板数据模型，利用全国 29 个省、直辖市、自治区 1978—2007 年的数据，研究了我国产业结构对经济增长的整体影响，以及产业结构内部变动对经济增长的影响，得出了产业结构的状态在一定程度上影响着经济总量的增长的结论。Xuebing Dong，Shunfeng Song 和 Hui Zhu（2011）利用面板格兰杰模型，采用 1978—2008 年全国主要省份的数据，得出长期来看产业结构和经济波动之间存在双向因果关系的结论。Michael Peneder（2003）采用动态面板模型，研究了 28 个 OECD 成员国的数据，得出了在 OECD 成员国中，产业结构对经济增长的影响不大，但是对于某些行业有利的产业结构变化会促进经济增长的结论。

2.3.3.5　柯布—道格拉斯生产函数

传统的柯布—道格拉斯生产函数是描述经济增长因素的经典函数，比函数认为，科技进步、资本存量和劳动力数量是推动经济增长的三大因素。对传统的柯布—道格拉斯生产函数稍加变形，即可作为回归方程的基础，从而研究产业结构对经济增长的影响。刘伟、李绍荣（2002）对此问题有详细的阐述。笔者认为，生产要素通过市场和政府行政手段配置到一定的产业组织结构中才能发挥其生产的作用。因此，不同的产业结构会影响要素的生产效率，因此笔者在传统的柯布—道格拉斯生产函数中加入了产业结构，即把产业结构视为制度因素加入生产函数。改进后的生产函数如下：$Y = K^{\sum \alpha x} L^{\sum \beta x} + e^{\sum Cx+E}$，两边取对数，即 $\log(Y) = (\alpha_1 x_1 + \alpha_2 x_2 + \cdots) \log(K) + (\beta_1 x_1 + \beta_2 x_2 + \cdots) \log(L) + C_1 x_1 + C_2 x_2 + \cdots + E$，可以从产业结构对资本利用率的影响、对劳动生产率的影响，以及对生产规模的直接影响等三个方面研究产业结构对经济增长的作用。类似地，张晓明（2009）利用柯布—道格拉斯生产函数研究了中国产业结构升级与经济增长的关联关系，得出了第三产业产值占国内生产总值的比例对经济增长率的影响最大，而且第三产业比重在增加促进总产值提高的同时，自身对资本的需求是降低的这一结论。

2.4 产业结构优化

产业结构优化并不意味着完全达到国民产品供求结构的均衡状态，而趋近于这种均衡状态。严格地讲，产业结构优化不是一个绝对概念，而是一个相对概念；它并不是一个"最优"的问题，而是一个"次优"的问题。

当然，产业结构优化也不是一个无从捉摸的虚幻概念。它具有明确而丰富的内容，具有衡量的标志。笔者认为，产业结构优化的两个基本点是产业结构高度化和产业结构合理化。

2.4.1 产业结构高度化

产业结构高度化是指产业结构从低度水准向高度水准的发展。这种产业结构的发展是根据经济发展的历史和逻辑序列顺向演变的，它至少包括以下三个方面的内容。

（1）在整个产业结构中，由第一产业占优势比重逐级向第二产业、第三产业占优势比重演变。

（2）在产业结构中，由劳动密集型产业占优势比重逐级向资金密集型、技术知识密集型产业占优势比重演变。

（3）在产业结构中，由制造初级产品的产业占优势比重逐级向制造中间产品、最终产品的产业占优势比重演变。

这种产业结构高度化总是以新技术的发明和应用作为基础的，它意味着产业结构的发展越来越多地渗透技术因素。显然，这种产业结构高度化对于一国国民收入增长起着重大作用，是一个带根本性的战略问题。因而，产业结构高度化是产业结构优化的一个重要标志。

2.4.2　产业结构合理化

产业结构合理化是指提高产业之间有机联系的聚合质量，即产业之间相互作用所产生的一种不同于各产业能力之和的整体能力。这种产业结构合理化主要包括以下两方面内容。

（1）各产业之间在生产规模上的比例关系，诸如第一产业、二产业和三产业之间的均衡；生产资料生产同消费资料生产之间的均衡；基础设施同制造业之间的均衡；能源、原材料工业同加工工业之间的均衡等。

（2）产业之间的关联作用程度。产业关联作用是指某一产业引起其他产业部门的建立和发展的能力，这种作用是通过投入物和产出物的互相依赖而表现出来的。显然，产业之间的关联作用程度越强，产业结构的整体效应越大，从而产业结构也就越合理。

这种产业结构合理化是以资源在各产业部门的合理配置为基础的，它意味着产业之间的良好协调，因而产业结构合理化必定产生较大的结构效益。显然，产业结构合理化是产业结构优化的又一重要标志。

2.4.3　产业结构高度化与合理化的关系

作为产业结构优化两大基本点的高度化与合理化之间又是什么关系呢？笔者认为，不能笼统地论述，要确定不同的分析方法，再进行综合论述。

一是静态分析。在这一分析框架内，产业结构合理化是产业结构高度化的基础；只有先实行合理化，才能达到高度化。产业结构高度化必须以产业结构合理化为基础，脱离合理化的产业结构高度化只能是一种"虚高度化"，即在不合理结构基础上产业结构向更高一级的水准推进。其次，在一个相当时期内，产业结构高度化是相对稳定的，产业结构合理化则是经常的工作。一般来讲，只有产业结构合理化达到一定程度，结构效益累积到一定水平，才能推进产业结构高度化。

二是动态分析。在这一分析框架下，产业结构高度化与产业结构合理化是互相渗透、交互作用的。要实现产业结构高度化，必须要使其结构合理化；而且产业结构发展水平越高，其结构合理化的要求也越高（因产业之间的技术经济联系日益复杂，结构一体化的整体性要求更高）。而要实现产业结构合理化，则必须在其高度化的动态过程中进行。产业结构合理化是一个不断调整产业间比例关系和提高产业间关联作用程度的过程。实际上，这一过程也就是产业结构向高度化发展的成长过程。国民产品供求结构的非均衡态是经常状态，产业结构合理化就是对这种非均衡态的不断调节的过程。在这一过程中，产业结构本身得以发展和提高。

因此，在产业结构优化的某一特定阶段，可以根据产业结构的实际情况，安排产业结构优化的重点，即是以合理化为主，还是以高度化为主？一般来讲，在产业结构严重不合理，国民经济瓶"颈制"约严重，结构性矛盾加剧的情况下，产业结构优化的重点是合理化问题，缓解结构性摩擦，提高结构效益。而在产业结构内部矛盾相对缓和，产业结构不适应因收入正常提高而引起的需求结构变动的情况下，产业结构优化的重点则是高度化问题，提高产业结构转换能力，促进产业结构适应需求结构的变动。

然而，在产业结构优化的全过程中，则要把合理化与高度化问题有机结合起来，以产业结构合理化促进产业结构高度化，以产业结构高度化带动产业结构合理化。在产业结构合理化过程中，实现产业结构高度化的发展。在产业结构高度化进程，中实现产业结构合理化的调整。只有这样，才能实现产业结构优化。

实现产业结构高度化，取决于产业结构转换能力，其关键在于创新。创新是产业结构演变的主动因。实现产业结构合理化，取决于产业结构聚合能力，其关键在于协调。协调是产业结构完善的精髓。然而，产业结构的创新能力与协调能力并不是孤立的，要涉及很多方面，其中最重要的是经济发展战略，经济体制模式和产业素质。因此，产业结构优化需要具备一系列外部条件，是一项复杂的系统工程。综合上述分析，产业结构优化模型可用图 2-1 表示。

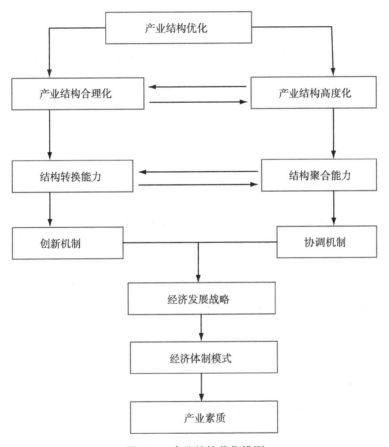

图 2-1　产业结构优化模型

第三章 产业结构优化的金融作用分析

产业结构优化是经济发展的必然要求和主要内容，金融因素对经济发展的促进作用，主要表现为金融因素渗透于产业发展的全过程，成为产业结构转换的重要实现机制，进而引导产业结构合理化、高度化的调整过程。因此，研究金融对产业结构转换的作用机理，有助于使我们加深对金融与经济发展间相互关系的理解。

3.1 产业及其金融需求的一般分析

金融是现代经济的核心，其本质是在储蓄者与投资者之间建立桥梁，提供资金由盈余部门向短缺部门转化的渠道，金融资源的配置会对宏观经济运行状况和微观企业的运行效果产生重大影响。一个国家产业的形成、发展都离不开一定的货币金融环境。

3.1.1 产业分类及金融需求

产业的分类方法有两大部类分类法、物质生产与非物质生产分类法、农轻重分类法，以及三次产业分类法等。我国通常把主要生产资料的工业部门称为重工业，把生产消费品的工业部门称为轻工业。但在现实生活中，一种产品的使用价值是多种多样的，就一个工业部门所生产的产品来说，既有生产资料，又有用于生活消费的，因而这种按照产品的主要使用价值划分的轻重工业，也只是一个相对的概念。一般说来，"农业—轻工业—重化工业—高技术工业—现代服务业"是产业结构向高度化演变的常规方式。产业的金融需求主要与产业的特性相关，我们可以从产业的要素密集度来探讨产业的特性。不同产业有着不同的生产函数，依据生产中各要素投入的相对比例，将产业划分为劳动密集型、资本密集型和技术密集型。一般而言，轻工业属劳动密集型行业，例如纺织业；重化工业属资本密集型行业，例如钢铁、汽车和造船业等；高技术行业属技术密集型行业。这里对产业的分类选择了农轻重分类法和要素密集度分类法相结合的观点。

具体而言，轻工业往往以农产品为生产资料，不需要过于复杂的技术和雄厚的资本积累，因而一国的工业化过程往往从轻工业起步。轻工业以简单劳动投入为主，生产周期短，资金投入不多，并能较快地流转收回，且企业多以小而散的形式存在，因而资金需求的主要特性是少而灵活，主要采取借贷形式。重化工业相对轻工业而言，最突出的特征在于它建立在一定资本积累的基础上，需要一定的技术支持，因而通过轻工业的高度发展来完成原始资本的积累是重化工业发展的基础和前提。重化工业的资本密集型特征要求大规模的资金投入，内源融资难以满足需求，因此，企业会转向大规模的外源融资。此外，重工业的生产周期相对较长，大型机器设备投资要在以后的生产周期中通过折旧的形式逐渐收回，因而资金投入的期限延长，资金收回的风险也相应增大。同时，由于这种工业往往以稳定扩大的规模来获取竞争优势，所以大规模稳定的资金投入成为重工业资金需求的突出特征。

知识经济时代，高技术产业的兴起把轻重工业列入传统工业之列。高技术产业是由新的科技成果在生产、建设、推广和应用的基础上所形成的产业部门，例如，信息工业、新材料、新能源工业以及生物工程和海洋新科技等。相对于传统工业部门来说，高科技产业的特征是知识技术要素投入大，生产增长率高，产品的附加价值高。高科技产业的技术密集型特征要求高的科研经费投入，这就使注入企业的资金要承担技术风险，即由于技术的前景和效果，技术能否产品化以及技术寿命等多方面的不确定性而导致技术失败的可能性。同时，在高科技日新月异的今天，高科技产业的资金投入还有来自于市场竞争的市场风险。因而，高科技产业资金需求的突出特征就是风险性，即可以承受投资失败风险的资金。信息技术革命带来的网络浪潮，更是使金融需求从单一的资金需求转变成为全方位服务的系统需求。

当然，以上对轻工业、重工业和高科技产业的要素密集型的划分只是一个相对的概念，三者之间很难找到一个绝对的界限。特别是随着高新技术改造传统产业的实施，传统产业由"长、大、厚、重"向"短、小、轻、薄"转换，以及人力资本要素日益突出的趋势使得从要素投入的相对比例来划分产业的界限更加模糊。

另外，企业是构成产业的细胞，产业金融需求的不同特性从不同行业内企业发展过程中的金融需求中可见一斑。轻工业企业以投资小、上马快见长，因而资金需求较为灵活，发展资金也易于取得。重工业企业有较大规模的设备投资需求，存在一个一次性投入、逐步收回的现金流❶。因而在企业初创期需要一定规模的长期资金投入，其资金需求的特性是规模和稳定性。高技术企业由于其高风险特征，以及从一个"创意"起步的特殊性，对金融提出了系统性全方位支持的需求。高技术时代的创业，从一个富有创意的设想到一个企业的发展成熟，大致要经历种子阶段、创业阶段、成长阶段和成熟阶段。除了在成熟阶段，企业的风险性相对较小，可以通过金融机构、商业银行来进行融资外，前三个阶段都因为风险较大存在资金缺口。同时，由于创业者往往是技术骨干，缺乏市场经营和管理的知识和经验，缺乏资金运营的能力，因而新创企业需要的金融支持系统不但要能够提供足够的资金，还要能承担巨大的风险和提供全方位的支持。

---

❶ 融资租赁这种创新形式改变了企业传统的设备投资资金流的形式，但从资金中介的职能来看融资租赁公司也可以说是金融机构的一种形式，因而融资租赁是应产业需求的金融创新的一个例证。

最后，产业的金融需求还会受产业发展阶段的影响。产业结构的变迁是各个产业发展从基础到成熟、再到衰退的动态过程的集合。产业在各个阶段因为发展基础、发展目标的不同，会有不同的金融需求。例如，在产业成长期，生产规模的扩大，需要大量资金投入，自身积累的缺乏以及发展的不确定性，使大量企业难以通过抵押、担保等方式来取得发展所需要的资金；而在产业成熟期，趋于稳定的经营、良好的资信状况和大量可以用于抵押的资产使得较少的资金需求易于得到满足。步入衰退期，企业收缩投资规模，转投入其他产业，又进入新一轮的产业循环。产业循环实际上是企业群体发展的一个综合表现。

3.1.2　金融供给特性

虽然现代意义上的金融已经完全成为一个独立的产业来发展，但金融作为资金中介的职能对现实经济却有极为重要的意义。在抽象掉其他外界因素的条件下，从最一般意义而言，金融的供给特性将由资金来源、金融机构、投资方式三个方面来决定。

首先，资金的来源决定了金融机构可用资金的规模，资金对风险的规避程度也限制了金融机构投资方式的选择。例如，商业银行，单就其资金中介的职能来看，它广泛吸收居民储蓄，集聚社会闲散资金，并将其转化为债券或股权投资。在同等准备金率的条件下，吸纳资金的能力越强，可用于投资的资金规模也就越大。同时，储蓄动机决定的风险偏好，通过可能的"挤兑"传递给银行，并决定了银行投资可以承担风险的大小。

其次，金融机构的形式本身也决定了金融供给的特性。这里，它包含两层含义：一是金融机构的行业特性，目前，世界上诸多国家都存在严格的行业管制，因而金融机构所处行业的不同，本身就限制了其资金的来源以及投资业务的领域；二是同一行业的金融机构，是金融产业中的企业细胞，同从事其他行业的企业一样，有各种各样的所有权结构和组织形式，投资者的风险意识、投资偏好都会对金融机构的运作方式产生影响。

最后，投资方式也决定了金融的供给特性。对投资方式的分类可以最粗略地分为债券和股权两种形式。两者最大的区别在于，债券投资要求按固定的利率还本付息，并常常附带有提供抵押、担保和对资金运用的限制性条款，债券投资的风险相对较小；股权投资没有还本付息的压力，根据企业的经营业绩获取报酬，股权投资的风险相对较大。两种投资方式的差别在重工业的发展过程中有较好的体现，资本市场聚集了大量的个人、机构投资者，实现股权的自由流动，既为重工业的发展提供了稳定的大规模的资金，也为投资者提供了一条规避风险的途径。日本资本市场不发达，采用银行对企业进行股权投资的方式也成功地实现了重化工业的快速发展。

仅从金融作为资金中介的角度出发，在最一般意义上的简单分析中可以看出，三方面相互联系，相互制约，共同作用于金融的供给特性。值得一提的是，金融的供给特性还在很大程度上受到历史、文化背景和制度因素的影响。正如戈德·史密斯所认为的，虽然金融发展的最终目标是相同的，但各国在其发展过程中却呈现出不同的发展轨迹。历史、文化的背景决定了一国经济发展的基础和发展战略的选择，而政府作为制度的供给者，在经济与社会发展中处于一个特殊的中心地位，只是这种地位的体现不是作为经济增长直接提供者，而是作为合作者、催化剂和促进者而体现出来的。一国的基本制度和经济发展道路很大程度上是由政府决定的，各国由于市场发育程度存在极大的差异。为了实现特定的战略目标，政府往往对经济有不同程度的介入。在金融领域，除表现为公营和政策性金融机构的不同地位外，还表现为政府在税收、法律等政策措施上对投资者保护程度的不同，以及对部分金融机构的倾斜。由此，也就形成了各国各具特色的金融体制。

3.1.3 产业需求与金融供给的相互适应性

产业发展离不开金融需求，金融在支持产业发展的过程中也获得自身的发展。产业由低级向高级逐步发展的过程中，不断地向金融提出更高、更复杂的要求。金融机构、金融工具的创新不断更新金融供给的特性，使其与产业的金融需求相适应，因而金融发展的背后是产业结构的变迁。而每一次金融创新都是一种新的产融结合途径的实现。同时，也推动了新兴产业的发展。反过来，产业变迁后，产融结合改革的滞后也将成为产业发展的障碍。产业需求与金融供给的均衡状态也是金融结构与经济结构的大致平行状态，也是产融结合与产业发展相互适应的状态。

3.2　金融影响产业结构的机理分析

产业结构的调整、升级、转换离不开金融的支持与协同发展。金融作为经济发展的助推器，可以减少信息交易成本、提高储蓄—投资转化率、改善经济运行环境。不管是优势产业的发展壮大，还是传统产业的升级改造或平稳退出，都需要有健全、完善和便捷的金融服务。

3.2.1　金融支持产业结构优化的因素

金融主要涉及四个方面的内容：金融工具（如货币、商业票据、有价证券、黄金和外汇等）、金融机构、金融市场和金融监管。它是货币信用活动的外在表现，从属于流通和分配环节，是由生产活动决定的，但是金融活动的总体情况和结构状况也会反作用于生产活动，甚至影响到其自身所在的流通环节和分配环节。

因而，从这个意义上而言，金融活动对于产业结构优化有重大的影响。当然，产业结构优化是一个非常复杂的问题，影响其优化的因素很多，除了金融以外，政治经济体制、自然资源状况、技术水平、生产力的国内分布、经济发展阶段、生产要素的内在质量、甚至社会文化、道德观念等，都对其有程度不同的影响和作用。从严格意义上讲，要保持产业结构优化，绝不可忽视以上诸要素的影响、制约乃至决定作用。

一、信贷资金的来源

在信用货币流通条件下，如果把信贷资金来源和运用的次要项目舍掉，并把银行的自有资金视为一种特殊的存款——银行自己的存款，则整个信贷资金来源和运用可表示为：贷款=存款+现金发行。因此，从信贷资金的来源角度看，金融活动影响产业结构优化的渠道有两条：信用活动和现金发行。

信用活动通过信用的分配职能对产业结构优化产生作用，主要表现在以下四个方面。

一是信用活动决定着生产要素之间的分配比例，从而决定着产业结构优化进程：生产要素之间，如劳动资料与劳动力之间、劳动资料之间等都有一定的比例关系。这一关系如果合理，就会促进产业结构的优化，加快产业升级换代；否则，很可能会导致产业结构的畸形发展，不利于产业升级换代。但是，在不合理的情况下，可以通过信用的发放来改变生产要素增量之间的比例关系，从而促进产业结构优化。例如，我国政府通过发行国债以增加基础设施建设，就是运用这种手段来调整产业结构的。

二是信用活动决定利息在社会总产品中的份额，进而影响积累与消费的比例关系，从而决定产业结构优化进程。信用活动可以使原来打算用于消费的款项用于生产建设中去，有利于产业结构优化的资金积累。例如，连续降息政策就是想通过降低利息，扩大投资，带动产业结构转换。

三是信用活动影响今日消费与明日消费的比例关系，从而决定产业结构优化的进程，例如，银行界推行的消费贷款就是想刺激当前消费，推动房地产、汽车业的发展，以调整产业结构，促进产业升级。

四是信用活动对资本存量在产业之间再分配发挥作用，从而影响产业结构优化进程。信用活动可以在产业之间，甚至在同一产业之间再分配，其结果将使产业不断升级换代。这是因为信用活动是有条件的，只有经常盈利的大企业、新型产业才能不断获得信用支持；经营不善、信用不佳的小企业及夕阳产业很难获得信用支持。

金融活动通过现金发行对产业结构优化产生影响。国民经济的有序进行，必须以实物经济平衡、虚拟经济平衡，以及它们之间的平衡为前提。实物经济平衡与虚拟经济平衡是统一的，没有虚拟经济平衡，就不会有实物经济平衡；同样，没有实物经济平衡、虚拟经济平衡也是虚假的，这是经济运行的规律。实物经济有两个方面的内容，即总量意义上的实物经济平衡和结构意义上的实物经济平衡，产业结构协调发展与结构意义上的实物经济平衡紧密相连，而虚拟经济平衡的关键在于现金发行（包括各种金融工具的出现）的情况。因此，产业结构优化同现金发行有紧密的联系。一方面，可以从个别企业的再生产活动看，资金支持是再生产过程中的第一和持续的推动力，离开了资金，再生产活动是不可能进行的，根本谈不上产业结构的选择和高度化发展问题。另一方面，从整个社会的再生产来看，作为资本的现金发行（包括各种金融工具的出现）对于经济发展和经济结构的影响也非常大，东南亚金融危机就是一个很好的例证。这些东南亚国家不注重现金发行（包括各种金融工具的出现）对于经济活动的影响，盲目使用金融工具，最后导致了实物经济平衡与虚拟经济平衡的失衡，引发了全面的经济衰退。

二、信贷资金的运用

信贷资金投入是推动产业结构优化的主导力量，其运行态势的变化在一定程度上影响着整个产业结构优化的方向，其作用可以归纳为以下三个方面。

第一，信贷资金投入的规模效应。在正常情况下，资金投入规模与产业结构优化进程呈正方向变动。这里所说的正常情况，不仅包括各行各业的平均收入——产业效率大体相当，而且还包括投资形成的生产力不会遇到体制障碍、市场限制和劳动力供应的约束。如果不具备这些条件，投资规模越大，可能导致产业结构发展更加不合理，而难以实现产业结构优化。反之，如果具备了这些条件，投资规模越大，则产业结构优化的进程越快。

第二，信贷资金投入的结构效应。这主要是指信贷资金的不同投入结构所带来的结果差异。资金运行的结构效应能否为正值，关键在于资金投入结构是否适应由需求结构所制约的产业结构的要求。投资结构适应了这种需求结构的要求，由投入所形成的生产力就能够及时形成有效供给，并能使这种供给得到顺利实施，表现为经济的迅速增长，产业结构的协调发展和快速演变。反之，投入结构效应就会成为负值，投入越多，所造成的需求缺口就越大，投入形成现实生产能力的难度越大，产业结构的升级就越受阻。

第三，信贷资金投入的滞后效应。它是指资金投入结构决定着固定资产存量结构，从而影响产业结构优化。这是因为：

（1）现有固定资产结构主要取决于原来的长期投资。一是原有资金投入的部门结构，即资金在部门间的分布；二是原有资金投入的部门内部结构，即资金在部门内部各行业间的分布；三是原有资金投入的企业结构，即资金在企业内各生产工序和各个生产环节的分布；四是原有资金的地区分布，即资金在各个地区之间的分布。这四个方面的原有投资情况都对当前固定资产结构的形成产生影响。

（2）原有的资金投入结构是制约产业结构优化的一个重要因素。根据投入产出分析可知，产业结构的决定因素有三项：产业固定资产结构、中间要素投入结构和产业技术结构。在大多数情况下，中间要素投入结构是按照各种产业技术结构变动的要求而变化的。在技术既定的情况下，固定资产结构主要取决于长期的投资，即社会投资总量在各个产业之间配置的构成。当然，在一定范围内，固定资产存量转移也会引起固定资产结构的变动，但是，因这种资产存量转移要受各种因素限制，这就使得其对固定资产结构的影响相对较小。因此产业固定资产结构的变动，实际上主要是社会资产总量在各产业配置构成的变动，它的变动最终是通过投资结构的变动来实现的。

3.2.2　金融支持产业结构优化的内在机制❶

金融作用于产业结构的过程可简述为：金融→影响储蓄、投资→影响资金的流量结构→影响生产要素分配结构→影响资金存量结构→影响产业结构的优化（如图3-1所示）。

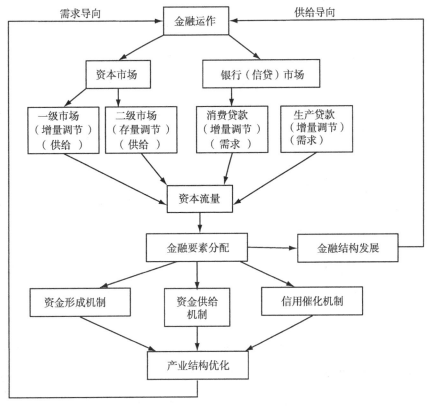

图3-1　金融影响产业结构的机理示意图❷

注：① 需求导向是指由于产业结构调整引起对金融运作的需求；② 供给导向是指随着金融结构的发展，金融产品的创新对金融市场提出新的市场运作导向。

---

❶ 徐怀礼. 产业结构调整中的金融因素分析［D］. 长春：吉林大学，2004.
❷ 傅进. 产业结构调整中的金融支持问题研究［D］. 南京：南京农业大学，2004.

从金融与产出结构的关系来看，高级化资金的运用结构决定了产出结构的变化，而产出结构反映资金分布状况。金融也正是通过资金形成、导向机制和信用催化机制，改变资金供给水平和配置结构，推动产业结构优化。

1. 产业资本的形成

资本问题是经济发展的中心问题，也是产业结构发展的中心问题。马克思指出："资本主义的商品生产——无论是社会地考察，还是个别地考察，——要求货币形式的资本或货币资本作为每一个新开办企业的第一推动力。"❶著名的"哈罗德—多马模型"指出了资本形成规模对于工业化进展的重要意义。罗斯托认为，一国工业化程度，可以用投资在国民收入中所占比重来衡量。刘易斯也认为，经济发展理论的中心问题，是一个由原来储蓄和投资占国民收入的比重不到4%或5%的社会，如何变为自愿储蓄增加占到国民收入的12%~15%的社会。在经济发展中，产业资本的积累和有效转化对于产业结构转换进而形成合理化、高度化的产业结构至关重要。

一般来说，产业资本的形成转化可分为两个环节。一是政府部门、企业、个人等经济主体，通过投入劳动、土地、资本等生产要素获得全部要素收入，在此基础上除去消费便形成国民储蓄，国民储蓄在形式上表现为货币、储蓄、债券、证券等金融工具；二是国民储蓄如何由货币资本的形式转化为原材料、机器设备和技术等实物资本。其中，货币资本是实物资本形成的关键。货币资本的积累规模与速度不同，实物资本的形成规模和速度也就不同，从而产业资本的积累与投资效果对于产业结构转换的影响也就不同。

理论上，有效的金融体系能够有效促进国民储蓄和大规模的资金积聚。在信用不发达和金融发展落后的国家和地区，政府、企业和居民个人的储

---

❶ 马克思. 资本论（第2卷）［M］. 北京：人民出版社，1974.

蓄意愿和能力很低，跨期消费和满足未来消费成为储蓄的主要动机。同时，较低的人均国民收入水平导致了更低水平的国民储蓄。在发达的金融体系中，单一和直接的货币储蓄格局，转变为以金融机构为中介的间接储蓄，以及以多种金融工具为媒介的金融证券与储蓄并存的多元化局面。在这种情况下，资金盈余单位可以根据流动性、收益性和安全性的组合，选择多种储蓄形式，持有多样化的金融资产。同时，金融体系提供了一种便利的机制，降低资金盈余者搜寻资金短缺者所花费的时间和精力，金融市场也提供了许多有关市场规模和市场价格的信息，包括市场上各种金融工具的价格，以及它们的预期收益。投资者可以根据自己的风险偏好、资金规模、风险抵御能力和市场状况等，在多元化的金融工具中选择有利于自己的投资组合，在降低风险的基础上提高自己的投资收益。金融资产的多样化也有利于金融资产配置效率的提高。这样，运转良好的金融体系使得经济中的储蓄和投资过程以更加富有效率的形式运作。高度的流动性和充分透明的完全信息在很大程度上降低了储蓄和投资的市场风险，大大提高了经济行为主体的储蓄意愿和能力，使那些零星分解、暂时闲置的资金转化为支持产业发展的长期资本。在市场化程度比较高的金融体系中，建立良好的资本形成转化机制，开拓产业资本的来源渠道，能够有效提高产业结构的转换能力。

在经济发展的不同阶段，在产业结构发展的不同时期，产业资本形成转化所发挥的作用不同。在工业化启动阶段，产业成长处于萌芽期，企业生产规模小、产量低、技术落后、内部积累能力差，要由众多分散的个体企业发展为具有规模经济效益的产业群体，必须扩大经营规模，开发新产品、新技术，提高产品技术含量，这些都需要大量的长期资本支持。在产业结构转换的过渡阶段，旧的产业结构不适应市场需求的变化，产业结构的合理化、高度化就成为产业结构发展的主导方向。

经济发展经验表明，产业结构演变一般遵循主导产业从低加工度、低附加值、低技术含量的劳动密集型产业，逐步向高加工度、高附加值、高技术含量的资金与知识密集型产业不断升级更迭的规律。与传统的劳动密集型产业相比，高加工度、高附加值的资金与知识密集型产业有着较高的资本有机构成，人均资本存量高、出现资本对劳动力的替代。此外，高素质的人力资本所需投入资本，从绝对量上也要高于传统产业。因此，在经济发展演进过程中，以传统产业衰落、退出以及产业分化重组为特征的产业结构变迁，必然要求高效的产业资本形成转化机制。

2. 产业资本的导向

在经济发展中，经济总量的增长和产业结构的转换，是同一过程的两个方面。经济增长表现为一系列的主导产业及其群体不断更替、转换的历史过程。这是因为现实经济中的社会资本总量是一定的，同时各产业、部门间的技术水平、生产规模存在差异，因此产业结构增长必然是不平衡的。罗斯托认为："近代经济增长本质上是一个部门的过程，发展就是一系列的连续着的不平衡。"随着产业结构的调整，劳动和资本从生产效率低、收入弹性低的产业部门转移到生产效率高和收入弹性高的产业部门，这就形成了双重的外部经济性和内部经济性。对于资源的转入部门来说，由于生产函数中投入数量的增加使产出增加具备了可能性，如果转入的资源能够促使已有投入的技术进步，则规模效益可发挥得更为充分。主导产业是产业结构调整中产业资本配置相对集中的产业，主导产业通过比较长的产业链条产生各种波及效应，通过后向波及，为一系列部门创造了需求，从而这些部门的发展通过前后波及创造了能够引起新的工业活动的基础，为一系列部门提供了生产投入品。主导产业通过旁侧波及效应，可引起周围事物的一系列变化，提高工业化深度和广度。这在本质上更表现为社会资源的优化配置，意味着产品和劳动的增加及整个社会福利的提高。

产业结构调整转换的最终目标是产业结构的合理化和高度化。产业结构合理化标志着国民经济中产业与产业之间协调能力的加强和关联水平的提高；产业结构的高度化指产业结构从低水平状态向高水平状态的发展。投资结构合理化和对资产存量进行调整是产业结构调整的重要途径，投资结构合理化使新增投资按照经济发展的要求和合乎规律的方面，协调产业间的比例关系，达到在扩大规模的基础上优化产业结构的目的；资产存量调整则是通过对现有存量资产的重新配置，达到结构调整的目的。

在市场条件下，产业增量资本和存量资本的调整表现为各产业之间资源的流动、配置和重新组合。各产业部门间资源的市场化流动和配置是产业结构优化的必然要求。西方发达国家的经济发展表明，在一个有效的金融体系中，高效的金融中介机构、多样化的金融工具，以及健全的金融市场管理监督，是形成产业资本市场化的流动导向机制的制度前提。在产业资本市场化配置过程中，市场化融资机制的促进作用体现在两个方面：一是经济的货币化、金融化程度的提高，即经济活动中以货币为中介的交易份额逐步扩大。这意味着经济资源的控制和支配逐步由实物形式向货币形式转化。经济金融化是货币化发展的高级阶段，在这一阶段，金融资产价值占社会总资产价值的比重大大提高，更多的实物资产逐渐取得了金融资产的表现形式，产业资本的流动就会越来越表现为各种金融工具、金融产品的市场化流动。二是产业资本与金融资本紧密结合，金融工具、金融产品的价格真实地反映实体经济的发展状况。实际上，金融资本表现为国民经济各产业、各部门中实在资本的"虚拟形式"。虽然金融资本的价格形成机制不同于产业实在资本，但是其价格的合理范围、变动趋势根本决定于产业的发展情况，因此有效的金融资产价格真实反映资本的供求关系和稀缺程度，反映所在产业发展中实体经济的运营情况及未来发展能力。也因此，市场化的金融机制克服了实物资本在表现形式上的缺陷，打破了资本在数量、部门以及区域上的限制，各种金融工具、金融资产的价格形成及时、准确的市场信息，引导社会资源在各产业、各部门之间有序、合理地流动，促进了资本在不同部门、产业和地区之间的流动，实现了产业资本的社会化、市场化流动配置。

3. 产业资本的信用催化

随着经济发展程度的加深和市场竞争的日益激烈，产业结构转换的速度和频率越来越快，产业发展的规模经济更加突出。在强大的竞争压力下，应用新技术、开发新产品进而实现产业结构合理化和高度化，客观上要求在最短时间内积累巨额的长期产业资本或者迅速实现各产业、各部门和各地区之间的资本流动与配置。特别是，收入弹性低、技术落后的传统主导产业群与收入弹性高、生产技术先进的新兴主导产业群之间资源转移配置的效率，已经成为世界各国产业转换能力高低的标志和先决条件之一。

在现代市场条件下，经济发展与金融发展密不可分。经济货币化、金融化已经成为经济发展的主要特征。经济金融化是指一国国民经济中货币及非货币性金融工具总值与经济总产出量之比值的提高过程和趋势（王广谦，1997），主要表现为金融自由化程度的提高、层出不穷的金融创新，多样化的金融产品和金融工具。经济发展程度越高，经济金融化的趋势越明显。发达国家的经济发展经验表明，经济发展与金融发展相互结合，具体表现产业发展与金融发展之间的结合。产业发展程度与金融发展程度息息相关，产业结构的调整、转换越来越离不开金融因素的参与和渗透。金融作用于产业结构转换，不仅仅表现为被动地适应产业发展的需要，而且在更大程度上表现为，金融主动渗透到产业结构转换过程之中，发挥能动促进产业发展的功能。高度发达的金融体系之所以能够影响、带动产业结构的转换，主要原因是金融创新的出现。在金融自由化程度和金融发展程度较高的发达国家，有关动员储蓄、优化投资的金融创新层出不穷，它们扩大了产业资本的支配影响范围，加快了产业资本流动，增强了产业发展防范市场风险的能力。在金融创新中，对产业发展有直接影响的就是金融产品的创新，即资产金融化、证券化。所谓的证券划分为融资证券化和资产证券化。融资证券化是指资金短缺者采取发行证券（债券、股票等）方式在金融市场上向资金提供者直接融通资金。融资证券化方式多采用信用融资，属于增量的证券化，又称为"初级证券化"。资产证券化是指将缺乏流动性但能够产生可预见的稳定现金流动的资产，通过一定的结构安排，对资产中风险与收益要素进行分离与重组，进而转换为在金融市场上可以出售和流通的证券的过程。资产证券化注重资产运作，是从已有的信用关系基础上发展起来的，基本上属于存量的证券化，又称为"二级证券化"。

在产业结构合理化、高度化进程中，金融机制通过以下两个途径促进产业结构调整过程的顺利实现。

一是专用性实物资产的转移和配置。在产业结构调整中，涉及衰落产业的市场退出、新兴产业的市场进入或者产业之间资源的重新配置。现代产业的生产规模和资产总额庞大，大量的沉淀资产、不良资产以及资产的专用性，必然给产业之间的资源重组带来重重困难。资产证券化本质上是一个依托未来现金流的直接融资工具，它以原始标的资产（如不良贷款、生产设备等）为载体，通过提高资产的流动性和信用等级，拓宽了低成本的融资渠道，并转移和规避了风险，主要包括：①资产重组，增强了流动性。通过资产的组合、转让降低了系统性风险，而且将集中于卖方的信用和流动性风险分解到资产市场，把一些原来流动性不强的金融资产转变为流动性的资产；②风险隔离。指将标的资产原始所有人的破产风险与证券化交易隔离开来，这样便于在卖方与证券持有者和投资者之间建立了一道"防火墙"，可以有效地降低证券化交易的风险；③信用增级。即在证券交易中通过内部信用增级（如设立超额抵押或备付金账户）或外部信用增级（如金融担保）提高资产证券化的信用等级，这样无形中提高了证券的市场价值。资产金融化、证券化的金融创新活动，深化了资本动员的深度和广度，在很大程度上盘活了不良资产，加快了专用资产、沉淀资产的流动、配置，有力地促进了产业结构优化中劳动、资本等生产要素的市场化配置。

二是新兴技术的开发和应用。产业结构转换的实质是指已形成的产业之间的生产技术联系的变化。在现代经济增长中，产业结构的转换能力由于新技术革命而出现了新的特点，即跨越式转换。新技术的应用意味着经济的进一步多样化。一方面，原有产业和产业部门分解，一些产品或原有生产过程的某一阶段随着生产技术的变革和社会需求的扩大而分离出来，形成新的产业和产业部门；另一方面，技术进步使得新产品、新工艺、新能源、新技术的发明和应用成为可能，由此扩大了社会分工的范围，形成了新的生产部门和新的产业。新技术的开发应用，不但要求投入数量可观的研发资金，而且其所面临的市场风险更为巨大。新技术引入传统产业或者是形成新兴产业，导致因生产过程的延长而更大规模的资金投入，同时，新产品能否获得市场的认可又带来巨大的市场风险。以证券化融资为主要特征的金融产品创新，以及由此衍生的一系列旨在增强流动性、降低风险的金融工具组合，适应了新技术开发应用、新兴产业发展的趋势。资金盈余者与资金短缺者之间的融资机制，由于金融体系在制度上和产品上的创新，形成了众多市场主体参与、融资工具极大丰富的竞争性市场，信息不对称、市场不确定性所带来的风险，促进了社会冗余资本流向新技术研发、高技术产业等发展领域和部门。技术创新集群的出现使产业结构合理化、高度化成为可能。

3.2.3 金融支持产业结构优化的特性

1. 金融渗透差异性

金融渗透的含义：一是指金融机构的渗透，如金融机构的设立、扩展；二是指金融工具的渗透，如商业票据的使用和推广。不同的金融机构和金融工具，对不同地区、产业和经济部门有不同的渗透力。研究发现，金融渗透的产业差异受以下三大因素影响。

一是产业的安全性，主要指标是产业内竞争程度，如产业集中度，产业内亏损、倒闭企业的比例等。

二是产业的发展前景，主要指标是产业演变规律决定的产业成长性期望值或预期值。

三是产业的盈余能力，主要指标是产业的平均盈余水平。

一般而言，产业的发展前景较好、盈余能力较强、内部竞争程度越低、产业的层次越高，则金融渗透的程度越高。金融机构渗透力，从渗透主体看，主要表现为其产品和服务在某一区域或某一产业被接受的程度。

2. 金融系统性风险

金融业属于服务业，为其他产业服务是金融业发展的主要途径。从这一意义上说，金融业为了自身的发展，必须关注整个经济的发展状况。然而对于金融业来说，仅仅关注宏观经济层面的状况显然是不够的。因为金融业所发放的每一笔贷款，提供的每一项服务，其贷款与服务的对象都是一个一个具体的经济主体。不同的经济主体，因为其所在的行业不同，其生存的环境与相应的生存状态都会有极大的差异。同样一笔贷款、同样一项服务，在同样的金融体制下，因为所指向的经济主体不同，所带来的结果有可能相差很大。因此，金融业要密切关注产业发展的状态。不同的产业、不同的产业结构调整会给金融业带来不同的利润增长空间和不同程度的风险。从我国历次产业政策的变迁和宏观调控看，金融业往往成为这些变迁与调控的"重灾区"，大量行业性的不良资产使金融业成了最后的"买单者"。因此，金融业应以更主动的方式，加强对产业政策调整的研究，规避行业性的金融风险。

就金融危机与产业结构运动的关系来看，亚洲金融危机在短短一年内就把世界上最具活力、增长最快的地区变成经济最萧条、金融最不稳定的地区。从亚洲金融危机背后所进行的产业结构运动可以看出，一方面是发达国家跨国公司大规模地进行全球扩张，另一方面是各国顺应全球经济"一体化"的趋势开放国内市场；一方面是国际游资在开放的金融市场、资本市场来去自由，另一方面是发展中国家的经济体制尤其是金融体制漏洞百出，不堪一击；一方面是世界范围内的自由发达国家按需制造的自由贸易或公平贸易，另一方面是发展中国家的出口受阻而造成的巨额贸易赤字。此外，再加上本身机构臃肿、官员腐败、经济过热、结构滞后、泡沫经济，一旦遇到国际金融炒家兴风作浪，就会产生危机。发展高新技术产业和完善金融产业是抵御金融危机的最好方式和手段。

3.2.4 直接金融与间接金融在产业结构优化中的作用比较

在一个完备的金融系统中，按照资金盈余者与资金短缺者之间融资的方式和路径，可以分为间接金融和直接金融。间接金融是通过金融中介机构达到融通资金的目的，而直接金融则是融资双方绕过中介机构通过发行证券的方式进行资金融通的活动。发达的金融系统意味着发达的直接金融和间接金融。在产业发展过程中，直接金融与间接金融共同成为产业结构转换的实现机制。二者在促进产业结构优化方面互为补充，发挥同等重要的作用。在经济发展的不同阶段，产业成长周期的各个时期，直接金融与间接金融在实现产业结构转换过程中，发挥了无可替代的重要作用。当然，直接金融与间接金融在金融系统中所处地位和重要程度，除了与产业结构调整密切相关外，还与该国家资源禀赋、经济发展战略直接相关。

一般来说，在经济起飞阶段之前，特别是工业化启动初期，以银行为主的间接融资体系在促进产业结构优化方面，较之以证券市场为主的直接金融体系有很明显的优势。这是因为在这一时期，国民经济体系尚未完全建立，产业发展处于萌芽阶段，没有形成完善的产业链条，基础产业、主导产业亟须建立、发展。要在尽可能短的时间内建立较为完备的产业化体系，客观上需要巨大而旺盛的资本投入。显然，在短时间内，不可能依靠原始积累解决资金问题，而以银行为代表的间接融资方式能在这一特定阶段发挥其明显的比较优势。

首先，银行体系具有创造信用货币的功能，扩大社会的信用融资规模。其次，在经济发展初期，处于发展初期的大部分传统产业是初级产业，在资金需求上具有市场的分散性和规模限制等特征。而以证券融资为主的公开市场融资不能很好地满足分散的、规模狭小的经济部门的资金需求。再次，经济发展初期存在的大量市场风险导致经济主体的风险规避动机非常强烈，而事实上银行融资往往拥有政府的信用担保，因此银行的间接融资容易被经济主体作为融资的首要选择。在那些实行赶超型、跨越式经济发展战略的国家，政府部门能够比较容易地通过控制银行等间接金融的利率水平，从社会获得大量低成本存款，进而通过行政性干预的方式，按照政府意愿和国家产业发展政策对投入资金进行配置。另外，以证券市场为主的直接融资要求具备较发达的信用体系、一定的经济发展水平和完善的市场机制，而这些条件在经济发展初期往往是不具备的。最后，经济启动阶段的市场发育程度低，市场关系简单也是一个重要原因。在这种市场环境中，政府部门能够比较容易地掌握产业选择、产业发展、产业转换等经济信息，这也为政府通过控制以银行为主的间接融资体系来贯彻产业发展战略提供了前提条件。

随着经济的发展和信用程度的提高，国民经济中产业化体系日益完善，市场竞争更加激烈，人均国民收入显著提高，市场需求的总量和结构发生了显著变化。产业发展进入了一个新的阶段。低加工度、低附加值的劳动密集型产业进入了衰退期，面临产业退出和转型。同时，新技术、新发明催生了一大批以高加工度、高附加值为特征的资金和技术密集型产业，以资金和技术密集型产业为代表的新兴产业进入形成期和扩张期。由此，夕阳产业与朝阳产业、衰退产业与主导产业步入了一个以分化重组为主旋律的发展时期。如何在原有产业结构基础上，实现新技术、新生产要素的引入，以及产业资源在各产业间的合理转移、重新配置，成为分化重组时期的主要内容。以银行为主的间接融资体系尽管还可在信贷资金支持方面发挥重要作用，但是对于在分化重组时期实现产业资源的重新整合，就没有明显的比较优势了。其主要原因是：银行融资存在流动性的不对称性，流动性风险易造成系统性的金融风险；政府、银行与企业间信息不对称，使其无法获得关于企业经营、投资项目的准确信息，导致道德风险和逆向选择问题，致使信贷资产质量下降；以信贷为主的间接融资存在流动性差、缺乏持续性、不易变现等固有缺陷。然而，以证券市场为主的直接融资体系，可以从以下三方面发挥整合产业资源的积极作用，有效地克服间接融资方式上的不足。

一是股权融资以获得长期投资回报为目的，具有很强的抗风险能力，可以对企业、产业发展提供长期的、连续性的资金支持。特别是，新兴的第二板市场或创业板证券市场，解决了新兴产业资金筹措和风险投资转移等问题，对产业的可持续发展具有重大意义。二是证券市场提供了产业选择机制。产业结构转换的历史过程，就是主导产业选择的过程，通过产业选择可以把有限的资本资源与主导产业、支柱产业相结合，进而实现在合理化、高度化基础上的产业成长。在证券市场中，产业资本与金融资本实现了有机结合，在有效的市场竞争机制基础上形成了证券化资产价格，形成了定价机制和信息传递机制，引导资本在各产业、各部门之间进行有序流动，保证了支柱产业、主导产业获得充足的资本支持。三是证券市场为新兴产业发展和衰退产业的市场化退出提供了重要的资本流动机制。资产证券化实现了资产的产权明晰化和以金融工具为载体的资产价值转化，消除了资源在产业间转移的障碍，促进了产业调整中企业之间的控股、参股和并购等活动，真正实现了产业的退出和转移，极大地促进了产业资源的重新整合和资源配置效率的提高。

近年来，随着金融发展和经济发展的不断加深，直接融资与间接融资逐渐走向融合，通过不同的拆分组合在促进产业结构转换方面实现了上述功能的互补。二者结合的主要形式有：通过证券抵押从银行获得贷款，例如，购买其他企业融资证券的企业可以将所购证券抵押给银行获得贷款，从而获得间接融资渠道上的储蓄资源；银行可以在直接融资市场上发行股票或债券，利用直接金融市场融资；银行可以将其长期贷款证券化，如银行可以将其发行的贷款或抵押放款作为准抵押证券，通过直接融资市场出售，从而间接融资的信贷交易及信贷参与的放款与直接融资相结合。当企业债权人需要资金时，他可以将所持有的证券转售给银行等金融机构。这时，直接融资证券即为间接金融机构所持有，流向直接融资渠道的储蓄资源实际流入了间接融资渠道（杨思群，2001）。

3.3　金融结构对产业结构优化的影响

产业发展规模的扩大，要求金融业提供更大规模的金融服务。与此同时，伴随着产业结构优化而引起的企业技术创新、企业制度创新，以及市场规模扩大及其复杂化，要求金融业提供更为复杂的金融服务。社会化大生产的发展和企业规模的不断扩大导致了企业对直接融资的需求，股票、债券市场随之产生；经济规模的扩大和经营风险的提高导致了企业对衍生金融产品的需求。而金融结构的调整和变化，为整个社会产业的发展提供了更为宽广的融资渠道，降低经营风险的完善的金融服务，也为产业发展或产业结构的优化提供了更加有利的发展环境和更大的发展空间。

3.3.1 金融结构的内涵

1. 金融结构的含义

美国金融学家戈德·史密斯教授在《金融结构与金融发展》一书中提出，金融结构即金融工具和金融机构的相对规模，"各种金融工具和金融机构的形式、性质及相对规模共同构成了一国金融结构的特征"，并且金融结构"随时间而变化的方式在各国不尽相同"（戈德·史密斯，1969）。其核心思想是，一国现存的金融工具与金融机构之和构成了该国的金融结构，其中包括各种现存的金融工具与金融机构的相对规模、经营特征和经营方式，金融中介中各种分支机构的集中程度等，并且金融结构随着时间的推移而变动。金融发展是金融结构的变迁。关于金融结构的内涵，日本学者铃木淑夫（1986）❶ 提出了以下相互依存的三个方面：金融之范围（金融制度）、金融交易手段的充足程度（即金融机构、企业和个人等经济主体在一定金融制度条件下金融交易行动的模式或倾向），以及金融交易技术条件和经济的基础条件。两种金融结构含义并无本质区别，只是对问题的表述和概念涵盖范围略有不同。铃木淑夫明确提出的金融结构应包括金融制度、金融交易模式或交易机制，而戈德·史密斯设置的六个方面的金融结构发展程度的度量指标中，虽包含了金融交易模式的意蕴，但没有包含金融制度。两种不同的金融结构概念反映了两个不同的研究角度，前者旨在找出"金融结构和金融发展与经济增长的关系"，后者力求解说"金融机制、金融制度总体如何发生变化"。

很明显，戈德·史密斯和铃木淑夫都是主要从宏观上来研究金融结构的。笔者认为，金融结构实际上包括宏观层次和微观层次。宏观层次上是指金融体系中金融机构、金融业务、金融工具和金融资产等各个组成部分

---

❶ 铃木淑夫. 日本的金融制度［M］. 北京：中国金融出版社，1987.

的比例、相互关系及变动趋势；微观层次上是指上述各个组成部分内部的构成、比例关系及变动趋势。

在宏观层次上，金融结构可以概括为四个方面：一是金融产业结构——银行、证券、保险和信托等不同行业在整个金融产业体系中的比重、地位和发展趋势，包括融资规模、客户数量、占全部金融资产的比重等。金融产业结构反映金融产业中不同业务领域的地位与发展状况。二是金融机构结构——金融机构的形式、种类和各类金融机构所占的比重。在不同的历史时期，一个国家的金融机构的组织形式及各种不同金融机构所占的比重不尽相同，特别是金融创新使得新的金融机构不断涌现，不断地改变这个结构。三是金融工具与金融资产结构——金融工具与金融资产的主要形式及其在金融市场中所占的比重❶。此外，从金融业拓展的空间范围角度看，宏观金融结构还表现为国内金融业务和国际金融业务两部分。在金融全球化背景下，国际金融业务是金融业的重要方面，并日益深刻地影响着国内宏观金融结构的变动，它是衡量宏观金融结构的第四方面——金融业务国际结构。

在微观层次上，也就是从金融机构内部角度进行考察，金融结构又可以分为三个方面。一是金融机构的资产结构——所拥有的资产量及其构成比例。由于各种不同金融机构主要从事相对集中并各具特色的金融活动，因此其拥有的资产量和结构的变化，一方面反映了金融机构自身的变化，另一方面也反映出整个金融业的变化。例如，在金融转型时期，金融机构资产结构的变化非常明显。二是金融机构的业务结构——同一金融机构在银行、证券、保险和信托等不同金融领域的业务比重。例如，在分业经营体制下，一种金融机构主要从事一定范围内的金融业务，但随着混业趋势的加深，金融机构通过各种创新逐渐地扩大或改变其业务范围，业务结构

❶ 可见，金融资产结构只是金融结构内涵的一部分。

变动反映了金融趋向混业的程度。三是金融机构的收益结构——金融机构在不同业务领域的收益在总收益中的比重。收益结构在很大程度上反映了金融机构的业务结构和资产结构，但有时也存在背离的情形。

2. 金融结构的转变

金融结构的转变包括以下两个方面的变动。

一方面，金融结构有一个不断高级化的过程。首先，金融业由最初比较单一的银行信贷业务发展到现代的银行业、证券业、保险业和信托业四业并举阶段，是金融产业的升级与发展，也是最重大的机构变动。其次，在各业并举的过程中，各种金融机构也不断产生，从而丰富和改变了金融机构的结构。再次，从金融工具、金融资产方面分析，由于金融创新与发展，金融工具、产品日益增多，金融资产的存在形式也日益多样化，金融工具和资产结构向全面发展的形态演进。最后，从金融业务的国内与国际业务看，在当代国际金融业全球一体化趋势日益增强的情况下，世界各国独立的国内金融市场不断融合成一个整体，随之发展起来的跨国金融集团在全球金融市场上开展业务，国际业务已成为重要的甚至是主导的业务。

另一方面，金融机构本身及资产、业务和收益结构也发生着持续的变革。在银行统治信贷市场阶段，存贷款业务居于主导地位，而随着直接融资业务的发展，债券、股票发行业务的地位日渐突出。为适应这种变化，以及市场需求的多样化和日益加剧的竞争，金融机构的业务范围逐渐扩展。例如，传统商业银行业务中与证券相关的业务逐渐增加，证券公司也向商业银行领域渗透，将证券业务和信贷业务逐渐结合起来。业务结构的变化直接影响收益结构的变动。同时，为适应业务结构的调整，资产也发生了相应的变动。由于金融业的快速发展，微观金融结构始终处于持续复杂的变动之中。

就衡量金融结构变动的指标而言，戈德·史密斯在 1969 年就创造性地提出衡量一国金融结构和金融发展水平的存量和流量指标，其中最主要的是金融相关比率（FIR），金融相关比率是"某一时点上现存金融资产总额（含有重复计算部分）与国民财富（实物资产总额加上对外净资产）之比"。通常，人们将其简化为金融资产总量与 GDP 之比，以衡量一国的经济金融化程度。国内学者张杰（1995）指出，戈氏指标的完整表达式可写为：$FIR = (M_2 + L + S)/GNP$。式中，L 是各类贷款，S 是有价证券。

3.3.2 金融结构对产业结构优化的内在作用机制[1]

根据 H·钱纳里、S·鲁宾逊、M·塞尔奎因发表的《工业化和经济增长的比较研究》一书的结论，随着经济的发展、收入的增加，以及消费结构的提升，会带动产业结构和其他经济结构的不断升级，促进经济发展。因此，追根溯源，产业结构优化和经济结构的变动起因于消费结构的变动。

根据上述结论和马克思的社会再生产理论，我们可以做出如下合理的假设，即假定经济分为两大部门，第一大部门（A 部门）代表在产业结构优化中的传统部门，第二大部门（B 部门）代表在产业结构优化中需求日益增加的新兴部门。同时，我们还假定第一部门可以划分为隶属于实体经济部门的传统产业部门和为传统产业部门提供金融服务的传统金融服务部门。第二部门同样可以划分为隶属于实体经济部门的新兴产业部门和为新兴产业部门提供金融服务的新兴金融服务部门。决定经济结构提升的主要是第二大部门。

我们分别用 K_{1a}、K_{2a} 表示第一大部门中的传统产业部门和传统金融服务部门的资产存量，用 K_{1b}、K_{2b} 表示第二大部门中的新兴产业部门和新兴金融服务部门的资本存量。当经济均衡发展时，第一大部门的传统产业部门和

---

[1] 该部分内容主要参考：张立军. 中国地区金融结构转变与产业结构升级研究 [D]. 湘潭：湘潭大学，2004.

传统金融服务部门的资本配置最合理，达到合意比例 K_a 。第二大部门在新兴产业部门和新兴金融服务部门的资产比例也最合理，达到合意比例 K_b 。根据前述假设，可以构造产出函数。具体形式为：

$$Y = F(K_a，K_b) ，其中，K_a + K_b = K，K_{1a} + K_{2a} = K_a，$$
$$K_{1b} + K_{2b} = K_b \qquad (1)$$

我们用 K_a 和 K_b 分别表示部门 A 和部门 B 的内部结构，在实体经济结构和金融结构不变，且第一大部门和第二大部门都处于稳定增长状态时，整个经济处于稳定增长状态。此时，部门 A 和部门 B 的实体经济部门与金融部门的资产存量达到合意比例，那么就有：

$$K_a^* = K_{2a}/K_{1a} \qquad K_b^* = K_{2b}/K_{1b} \qquad (2)$$

随着经济的发展，财富的增加，消费者的消费结构也会不断升级，由此导致实体经济部门的产品结构、产业结构必须不断升级，实体经济结构不断改变。同时由于消费结构的提升，高质量、高档次的产品生产过程更为迂回和复杂，因此，生产必然需要加大对人力资本、技术开发等的投资。结构升级的产品部门，即新兴部门中的实体经济部门投资将会增加，且需要新兴部门中的金融部门提供更大规模、更复杂的金融服务。与之相适应，传统部门的实体经济部门投资必然在需求减少的情况下减少，服务于传统实体经济部门的金融部门的投资也会减少，即 K_{1a} 和 K_{2a} 会不断减少，K_{1b} 和 K_{2b} 会不断增加，则在结构优化过程中，K_a 的投资趋于减少，K_b 的投资会趋于增加。

休·帕特里克认为，如果现代金融机构的金融资产和负债以及相关的金融服务是对实际经济中的投资者和储蓄者的需求作出反应，那这种现象称为需求带动。这表明，经济增长带动了金融发展，金融在经济增长过程中被动地相对滞后。如果金融机构的金融资产和负债以及有关的金融服务是在经济增长对它们产生需求之前主动攻击的，那么就是供给引导。供给引导有两种职能，一是将资源从传统的、非增长部门转移到现代部门；二是在现代部门中促进和刺激一种企业精神反应，使企业家开阔视野，打开思路。供给引导在经济增长开端尤为重要。因此，根据休·帕特里克的"需求追随"或"供给领先"理论，实体经济结构提升必然导致金融结构，实体经济规模扩大，必然要求金融部门提供更大规模、更多品牌、更为复杂的金融服务。根据这一理论，我们可以认为，为同等数量的实体经济资本存量提供的金融服务，决定经济结构提升的部门 B 比部门 A 需要更多的金融服务，即部门 B 的合意比例 K_b^* 大于部门 A 的合意比例 K_a^*。具体形式如（3）式所示：

$$K_b^* > K_a^* \qquad (3)$$

由于我们研究结构转变问题的前提是总量不变，即实体经济部门和金融部门所提供的产品和服务品种不变，只是每种产品或服务的相对规模发生了变化。因此，在结构转变过程中，如果部门 A 和部门 B 的合意比例是不变的，则存在下式：

$$(K_{2a} - \Delta K_{2a}) / (K_{1a} - \Delta K_{1a}) = K_a^*$$
$$(K_{2b} + \Delta K_{2b}) / (K_{1b} + \Delta K_{1b}) = K_b^* \qquad (4)$$

由于经济发展总的预算约束在一定时期内是一定的，则结构转变过程中，部门 B 的新增投资不能无限制增加。此时，在消费需求对实体经济结构的导向作用下，在新兴实体经济部门对新兴金融部门提供金融服务的导向作用下，在实体经济部门产业结构转变时期，社会可用资源会从传统部门 A 流出，流向新兴部门 B。则根据（1）式可得：

$$\Delta K = \Delta K_a = \Delta K_{1a} + \Delta K_{2a} = \Delta K_{1b} + \Delta K_{2b} \qquad (5)$$

通过数学推导，可得：

$$\Delta K_{1b} / \Delta K_{1a} = (1 + K_a^*) / (1 + K_b^*) \qquad (6)$$

根据（3）式可知：

$$\Delta K_{1b} / \Delta K_{1a} = (1 + K_a^*) / (1 + K_b^*) < 1 \qquad (7)$$

由此可以推出：

$$\Delta K_{1b} < \Delta K_{1a} , \Delta K_{2b} > \Delta K_{2a} \qquad (8)$$

$$\Delta K_{1a} - \Delta K_{1b} = \Delta K_{2b} - \Delta K_{2a} \qquad (9)$$

因此，由于资金流动所带来金融结构的变化引起了产业结构的优化，实体经济部门产业结构优化使资源从传统部门 A 部门流出，流入新兴部门 B 部门，且内部结构变动表现为从传统实体经济部门流出的资源 ΔK_{1a} 大于流入新兴实体经济部门的资源 ΔK_{1b} 。多出的部分流入新兴金融部门，从而导致流入新兴金融部门的资源 ΔK_{2b} 大于传统金融部门流出的资源 ΔK_{2a} 。这说明新兴部门中结构提升后等量的实体资本存量需要的金融服务高于结构提升前所需要的金融服务。

3.4　金融政策对产业结构优化的影响

经济运行的一个重要任务就是要将居民手中的储蓄吸引出来，并将其顺畅地转换为投资，实现储蓄向投资的转化，即金融与产业的结合。从根本上讲，这是通过全部的金融过程实现的，也是对金融资源合理配置和利用的过程，而金融过程自然与金融政策密切相关，因此研究金融政策对产业结构优化的意义就尤为重要。

3.4.1　金融政策对产业结构优化的作用机制

对任何一个国家的中长期发展来说，有决定意义的始终是金融资源向生产领域流入的增长和变化趋势。一个国家只有在对经济进行结构性、技术性调整的同时，不断提高资本形成率，才能最终提高劳动生产率，从而促进经济增长。而较高的经济增长质量是在一定总量政策背景下，出现金融资源向更高效率的部门和领域的结构性移动。而金融政策在使一个国家保持高增长率的基础上避免了财政政策可能的"挤出效应"，有利于经济总量适度扩大，经济结构优化和升级。金融政策主要从资金供应与投资需求两个方面来影响产业结构的优化，具体如下。

一是资金供应对产业结构优化的影响。一方面包括其充裕程度对产业结构的影响；另一方面包括资金在不同部门的投向偏好对产业结构的影响。前者主要受经济发展水平、社会发展水平、储蓄率和资本积累率等诸多因素影响，后者主要受投资倾斜政策、投资者偏好、利率和资金回报率等方面的影响。另外，前者主要是资金总量方面对产业结构变动的影响，后者主要是投资结构方面对产业结构变动的影响。投资结构决定投资向不同产业部门的配置与再配置，因而对产业结构的形成和变化产生影响。可以说，资金供应总量和资金供应结构的变化是产业结构改变的直接原因。

二是投资需求对产业结构变动的影响。投资是企业扩大再生产和产业扩张的重要条件之一，而资金向不同产业投入形成的资源配置的比例就是投资结构。不同方向的投资是改变已有产业结构的直接原因。对创新的投资需求，将形成新的产业而改变已有的产业结构；对部分产业投资，将推动这些产业比未投资产业以更快的速度扩大，从而影响原有的产业结构；对全部产业投资，当投资比例不同，则会引起各产业发展程度的差异，导致产业结构的相应变化。由于投资是影响产业结构的重要因素，所以政府往往采用一定的投资政策，通过调整投资结构来影响产业结构优化。

3.4.2　政策性金融对产业结构优化的影响分析

在产业发展过程中，某些产业的发展会受到市场机制的制约，如战略性产业、幼稚性产业和基础性产业。另外，还有某些劣势产业，如农业等。而这些产业的发展又是社会经济发展所必需的。由于商业经济发展的需要，这些产业的资金约束是非常明显的。为了鼓励和促进这些产业的发展，便产生了政策性金融。

考察现代金融制度的基本结构，除了占据主体和基础地位的商业性金融机构之外，还普遍而客观地存在另一类在组织方式（财产组织）、运行机制、业务特征和社会功能方面与商业性金融机构颇不相同的金融机构。它一般由政府创设、参股或保证，与政府的某些经济职能相联系，在执行和贯彻政府社会经济改革政策中发挥重要的功能，经济学界一般把它称为"政策性金融机构"。如果说商业性金融机构与市场配置资源和竞争部门相联系的话，那么政策性金融机构则与资源配置中的政府职能和公共部门相联系。要全面系统地研究与之相对应的现代金融制度，就不能忽视对政策性金融机构的分析和研究。这不仅是因为政策性金融机构牢固地植根于现代金融制度结构之中，而且还在于它与金融资源配置的宏观效益、长期目标和市场机制发挥作用的边界性相联系，表现出不同于商业性金融机构的经营原则和行为特征，从而在本质上构成了金融制度研究的独立层次和重要内容之一。

政策性金融机构在各国金融制度中的普遍存在，说明政策性金融机构有经济发展所必要的、特定的、不可替代的重要职能，通过这些职能来达到政策的特定经济目标。

1. 政策性金融机构含义的界定

"政策性金融机构"的概念在西方金融学理论中并不存在，通常使用的是"政府专业性金融机构"或"开发性金融机构"的概念，而且即使在"开发性金融机构"的概念下，也可能包括多种金融机构。为此，要在多种多样的金融机构中分辨出政策性金融机构，从而建立起关于政策性金融机构的基本理论轮廓和研究框架，就有必要进一步给出政策性金融机构及其职能的规范化概念和理论界定。

从最基本的意义上说，政策性金融机构是政府的金融机构，它一般由政府创设和倡导，甚至直接经营，由此决定了政策性金融机构必然与政府

的社会经济职能相联系，并按照政府的意向从事政策性融资活动。❶

2. 政策性金融机构产生的原因

虽然在金融资源配置过程中市场机制起基础作用，但由于金融领域中的市场机制同样存在作用边界和失效现象，从而使商业性金融机构按市场原则配置金融资源的行为不能完全解决金融资源的有效配置问题。如商业性金融机构往往在自主选择和自由竞争的前提下，以实现自身利益最大化为出发点来配置资源，其结果是导致金融资源从低利产业、行业和地区流向高利产业、行业和地区。这种流向若从纯经济和微观角度看是合理的或有效的，但若从社会合理性和宏观效益角度看，则会带来一些如社会结构失衡、地区发展不平衡等问题。对于金融资源配置中商业性金融机构和市场机制不能解决或解决不好的问题，显然需要政府职能的补充，即政府通过创设自己的金融机构（政策性金融机构），依据非商业性原则，主要运用经济手段对社会资源进行配置，以实现符合社会合理性和宏观的长期效益的金融目标。因此，如果我们能将政策性金融机构的存在与现代市场经济制度中的政府职能联系起来考察，那么政策性金融机构就不再是"权宜之计"的政策问题，而是一个稳定而规范的制度安排问题。在现代高信用化和金融化的市场经济中，政府的若干经济职能需要借助于金融手段来实施。其中，设置政策性金融机构是作用力度较大、效果较好的方式之一。现代市场经济是一种高度货币化、信用化和金融化的经济形态。在这样的经济形态下，资源配置中的市场机制和政府职能很大程度上都需要借助于货币资本的运用来实施和实现其功能。从政府的若干经济职能来看，除了制定必要的政策和制度之外，重要的措施之一就是组建政府的政策性金融机构，以从投融资体制上确保其经济职能和政策的落实和实施。❷

---

❶ 王廷科，薛峰. 现代政策性金融机构：职能、组织与行为理论 [J]. 金融与经济，1995（2）.

❷ 郑秀峰. 中国金融结构调整的产业背景研究 [D]. 上海：复旦大学，2004.

农业是一个非常特殊而重要的部门。其特殊之处在于一定程度上由自然条件所决定，具有季节性、长期性、效益低、风险高和成本高等特点，严重制约了农业本身的积累和社会信用资源的投入。其重要之处则在于，农业不仅是提供给人类基本生活资料的物质生产部门，还是国民经济其他生产部门发展的必要条件。同时，农业还在保护和整治人类生存环境方面发挥重要作用，因而构成发展中国家的经济基础和工业化国家的重要战略部门。基于农业部门的以上特点，各国政府都普遍把促进和维护农业的长期稳定发展作为经济发展的重大战略问题来对待。为此，不仅需要制定相应的扶植政策，而且需要设置专门的农业政策性金融机构（农业发展银行或公库等），以长期低息的信贷方式为农业生产提供投融资，一方面弥补农业投入资金的不足，另一方面诱导和吸引更多的社会资金投入农业生产。

社会基础性产业和设施（包括能源、交通、通信、重要资料等产业和设施）是国民经济发展的重要支持和"瓶颈部门"。但由于其附加值低，直接经济效益不高，建设周期长、规模大等特点，使得一般的企业和商业性金融机构的投资不愿进入或较难进入。所以客观上需要政府提供资金，并由政府组建政策性金融机构（如开发银行等）直接进行投融资，同时以信用方式诱导和吸引企业和商业性金融机构进行投融资。

进出口贸易在各国经济发展中居于重要的战略地位，特别是在现代市场经济国际化、世界市场体系日益扩大和深化的当今，各国政府纷纷采取了鼓励出口的外向型贸易战略，给国内出口商和国外进口商提供各种优惠条件以扩大出口。在这方面，各国政府除了制定各种优惠政策之外，重要措施之一就是设置进出口政策性金融机构，在投融资上支持出口活动，以加强本国的出口竞争力，平衡国际收支和实现对外均衡。

由于自然和历史原因，一国不同地区和区域之间往往存在经济、社会和技术发展水平上的差别，因而地区之间发展的极度失衡和倾斜，不仅使经济发展失去平衡，最终影响社会资源配置的总体效益，还会造成一定的社会问题，而且相当多的不发达地区往往存在巨大的能源或经济发展潜能。基于这样的原因，各国政府都非常重视地区开发问题，并将其作为政府的重要经济职能之一，制定相应的地区开发政策。各国政府重视大区开发和协调发展，除制定相应的政策外，还必须有投融资上的支持和保证。于是，组建地区开发银行等政策性金融机构直接对一些特殊地区进行投融资，成为政府职能实施过程中的必然选择和重要举措之一。否则，再好的政策或计划都难以落实和实施。❶

如果我们在现代市场经济及相应的金融制度框架内探讨政策性金融机构的存在和合理性，出于市场经济中政府经济职能及其实施的需要，那么，①商业性金融机构由其经营准则决定所留下的资本市场空缺，客观上需要政府通过政策性金融机构及其商业性行为准则加以弥补。②政府在经济发展中承担的某些职能（特别是产业政策、区域开发政策、发展资本市场和收入分配政策等），迫使他们去建立一种金融机构即政策性金融机构，以协调、评介、促进、筹款和实施融资项目。除此之外，应当说明的是，在发展中国家，由于其国内市场体系的不完善和市场机制的扭曲，政府在推动经济发展中承担更大的基础设施建设、产业开发、区域经济开发、产业结构协调和扩大出口等职能和任务，从而可能存在更多数量和更大规模的政策性金融机构，以至于人们在讨论政策性金融机构时往往更多地与发展中国家相联系。❷

3. 政策性金融机构的特征

分析当代各国金融制度的现实，虽然"政策性金融机构"或"政府开发性金融机构"的金融机构多种多样、称谓各异，但这些金融机构在基本性质上又具有若干共同特征。❸

---

❶ 王廷科，薛峰. 现代政策性金融机构：职能、组织与行为理论［J］. 金融与经济，1995(2).
❷ 理查德·L基钦. 发展中国家的金融［M］. 哈尔滨：黑龙江人民出版社，1990.
❸ 王廷科，薛峰. 现代政策性金融机构：职能、组织与行为理论［J］. 金融与经济，1995(2).

（1）由政府创设、参股、保证并加以控制。政策性金融机构大多数是由政府出全资创立的，如在发达国家中，日本的"二行九库"和美国的进出口银行等，在许多发展中国家，它们更为政府所有。在另外一些情况下，它们虽不为政府完全所有，但往往由政府参股或保证，并在实质上为政府所控制，如法国的对外贸易银行由法兰西银行（法国政府所有的中央银行）持股24.5%；泰国产业金融公司（IFCT）由一家政府银行持股13%等。它们均由政府作为后盾，与政府经济职能或政策相联系。

（2）不同于商业性金融机构的目标。政策性金融机构与政府的经济职能相联系，是贯彻政府政策的一种工具，通常希望它在国民经济发展的整体和长远利益上发挥作用，而这种职能通常与作为营利性机构的准则相抵触。例如，政策性金融机构一般被要求从事若干具有较高金融和商业风险的融资活动。资产结构不符合正常商业性标准的项目、现金流转不能符合银行正常支付条件的项目、提供的证券是没有价值或价值很小的融资项目、没有经营业绩的企业所筹资的项目等。然而按照资本市场理论，当从事的是一项较高风险的经营活动时，就应当寻求与其风险相适应的高收益。但是，为了满足政府的国家目标，政策性金融机构往往被要求给那些预期收益比较低的项目提供资金，这种收益低于商业标准所能接受的程度，所以由此决定了政策性金融机构通常不以盈利为目标。

（3）不同于商业性金融机构的融资准则。商业性金融机构出于商业标准的行为目标，一般以"流动性、盈利性、安全性"为融资准则，恰当合理的安排其资产负债结构，以在流动性和安全性允许的前提下最大化其盈利水平。而政策性金融机构则一般要以政府的经济职能和政策为依据，依照政府的意向来安排其融资活动和资产负债结构。具体而言，其融资准则的特殊性在于：不介入商业性金融机构能够从事的项目，主要经营和承担私人部门和商业性金融机构不愿投资的项目，为此政策性金融机构被看作填补资本市场空缺的机构；主要提供中长期的廉价（低息）资金，有的甚至不能按期偿还或价格低于筹资成本，为此而发生的亏损由政府予以补贴，以避开利润的诱惑和干扰；对其他金融机构所从事的符合政策性目标的金融活动给予偿付保证、利息补贴或投融资，以此予以支持、鼓励、吸引和推动更多的金融机构从事政策性融资活动。

（4）不同于综合性金融机构的专业性。现代金融制度中商业性金融机构的业务发展具有综合化特征和趋势，即同时经营多样化的金融业务。而政策性金融机构则由于与不同的政策导向和业务领域相适应，往往具有特定的业务范围和对象。如与农业部门相联系的进出口银行，与中小企业发展相联系的中小企业银行，以及与住房业相联系的住宅信贷银行等，一般都是专业性和开发性的金融机构，其业务领域有严格界限，避免与商业性金融机构在业务对象和内容上交叉。

（5）不参与信用创造。政策性金融机构与商业银行和中央银行在职能上的最大差别就是不参与信用创造和货币供给。政策性金融机构一般不办理活期存款、汇兑、结算和现金收付等商业银行业务，其负债是货币体系已经创造出来的货币，而其资产一般均为专款专用。因此，政策性金融机构一般不具备信用创造和增加货币供给的功能。

政策性金融机构虽然几乎都是政府的金融机构，但属于政府的金融机构却不限于政策性金融机构一种，不少国家还拥有国有商业性金融机构，如法国、巴西、菲律宾等国，以及我国的国有商业银行等。此外，虽然政策性金融机构均属于专业性金融机构，但并非所有的专业性金融机构都是政策性金融机构，如投资银行、储蓄银行等都是专业性金融机构，但却不是政策性金融机构。只有同时具备政府性、开发性（或政策性）和专业性条件的金融机构，才能划定为政策性金融机构。

4. 政策性金融的作用分析

（1）政策性金融是政府与金融相互渗透、相互利用的一种金融方式。

政策性银行与政府的关系集中地体现在政策性银行与财政的关系上。政策性银行的资本金由政府拨付，政策性银行筹资由政府担保，筹资成本和贷款利差由财政补贴，呆账损失也最终由财政补贴。政策性银行部分资金来源的财政性质和资金运用的银行性质，决定了它实际上是政府与金融相互渗透、相互利用的一种方式。一方面，政策性银行是财政分配的一种转化形式；另一方面，财政分配又利用金融手段，使财政资金经营化。因为财政分配具有好的方向性，可以较好地体现政策。不足的是，其无偿性导致资金配置效率低下。商业性金融机构的贷款是以盈利性决定资金流向，但不利于配合国家的产业政策。政策性银行既有政府的优势，又有银行的优势，既弥补了市场经济的不足，又遵循了市场经济的一般规律，因此它是金融与财政、宏观与微观、间接管理与直接管理、有偿与无偿的巧妙结合体。与国外不同的是，在我国的政策性银行的资金来源中，财政拨款所占比例很低。我国政策性银行对中央银行的依存度远远超过国家财政，由于国家财力有限，政策性银行筹集资金主要依赖中央银行和金融市场。因此，我国政策性银行与财政的关系不像国外政策性银行与财政的关系那么紧密，这也从一方面说明了我国政策性银行在执行政府政策的同时，必须坚持银行的特性，首先把政策性银行办成真正的银行。

（2）政策性金融既是执行和承担政府宏观调控职能的宏观调控主体，又是从事货币经营业务的微观市场主体。政策性金融是政府进行宏观调控和干预经济的一个重要工具，它如同财政税收和财政补贴一样，都具有将民间机构投资的活动向有利于国民经济发展的方向引导的功能。政策性银行执行政府经济政策的过程就是其代表政府行使对经济进行干预和调控的过程。从这个意义上说，政策性银行是以宏观调控主体的身份完成政府赋予的职能和任务的。为了阐释上述观点，不妨先引入"市场主体"这一概念。市场主体的基本内涵包括以下三个方面的内容：①市场主体必须具有独立的产权；②市场主体必须是自主决策者；③市场主体必须是自身利益的追求者。上述三者应是有机统一和不可或缺的，只有"三位一体"才能称得上是市场主体。

从产权结构上看，我国成立的三家政策性银行都是直属国务院领导的，完全由政府出资创办的、全民所有制性质的政策性金融机构。政府是政策性银行唯一合法的产权主体，其所有权很大程度地集中在政府手中。从决策结构看，在政策性金融机构的组织结构中，与政府所有的产权结构相适应，其经营和管理是多元化的，是由多个决策主体和决策过程来完成的，其宏观和主要决策权高度集中于政府和有关部委。相对于商业性金融机构而言，政策性金融机构内部各层次的自由度和自主权是很有限的，其内部活力也明显弱于商业性金融机构。再从行为目标看，政府直接划定了政策性金融机构的行为边界，即政策性金融机构不能对市场利益原则和自身利益状况进行过多地考虑和权衡，而应以追求社会效益为宗旨，不以盈利为目的。

从上述分析中可以看出，政策性金融机构根本不可能以市场主体的角色从事经营和管理，实际上是以宏观调控主体的身份在执行政府的宏观调控职能。但是根据国务院有关文件规定，我国政策性银行是"独立法人"，"实行独立核算，自主、保本经营，企业化管理"，这说明政策性银行是一种金融企业。之所以说它是一种金融企业，是因为它与商业性金融机构一样具有信用中介职能；之所以说它是一种特殊的金融企业，是指它不是一般的、完全的金融企业，而是与政府有特殊密切关系的特殊金融企业。政策性银行既为"银行"，它不论被赋予的政策功能有多大，作为银行，必定有它企业性的一面。因此，政策性银行首先要办成"真正的银行"，然后才是以银行的方式而不是以财政的方式、赈济的方式、配给的方式执行专业的特定政策。政策性银行应在不与商业性金融机构竞争的前提下，加强管理，自主经营，讲究投资回报，坚持保本经营的原则。

从发展的观点看，政策性银行必须以市场主体的身份执行政府的经济政策，这是关系到政策性银行生存与发展的大事。

（3）以政策诱导为主的牵引机能。在重点产业成长初期，不少产业的发展前景尚不明朗，商业性金融机构在投资决策时常常踌躇不决。政策性金融机构对这些部门的先行投资，表明了政府对这些部门的扶持意向，从而通过自身的政策性融资活动间接地诱导商业性金融机构和私人部门从事符合政府意图的投融资活动。一般而言，大部分政府扶植的产业对政策性资金的依存度都随时间的推移而下降。这说明，在产业融资活动中，存在"政策性金融机构先行投资—商业性金融机构跟踪投资—政策性金融机构再转移投资方向"这样一种牵引机制，使商业性金融机构的活力得以充分发挥，政策性金融机构的作用恰到好处。

这里需要强调的是，政策性金融的基本职能是补充、完善产业融资，弥补商业性金融的不足而不是替代它，它是对市场选择下必要的"拾遗补缺"。也就是说，市场机制对投融资的调节是第一位的，而弥补则是第二位的。政策性金融机构的先行投资不是取代或包揽市场的选择，而是在市场机制不愿选择、依靠市场机制的自发作用得不到发展时，政府才以行政机制来选择它们。

第四章　山西产业结构发展状况分析

4.1　山西资源禀赋现状

资源禀赋是影响产业结构的重要因素，山西产业结构的形成与其资源禀赋状况有密切的联系。山西位于黄河以东，太行山之西，故名山西。全省总面积 15.67 万平方公里，2015 年年末，总人口 3664 万人❶，现辖太原、大同、朔州、阳泉、长治、忻州、吕梁、晋中、临汾、运城和晋城 11 个地级市，共 85 个县，11 个县级市，23 个市辖区，省会太原。山西地形较为复杂，境内有山地、丘陵、高原、盆地和台地等多种地貌类型，境内有大小河流 1000 多条。山西位于大陆东岸的内陆，外缘有山脉环绕，冬季长而寒冷干燥，夏季短而炎热多雨，春季昼夜温差大，风沙多，秋季短暂，气候温和，属温带大陆性季风气候。

山西矿产资源十分丰富，其中以煤、铝土和铁等著称。煤炭资源得天独厚，分布在全省 90 多个县（市、区）内。其煤炭储量居全国之首，是世界年产 1 亿吨以上六大煤炭基地之一。工业以能源、冶金为主，轻工业相对薄弱。至 2013 年年底，全省共发现 120 种矿产，矿产地 1361 处。其中，查明资源储量的有 65 种矿产，保有资源储量居全国前十位的有 28 种。在全省查明资源储量的矿产中，具有资源优势并在经济社会发展中占有重要地位

---

❶　数据来自《山西省 2015 年国民经济和社会发展统计公报》。

的矿产有煤、煤层气、铝土矿、铁矿、铜矿、金红石、冶金用白云岩、耐火黏土、熔剂用灰岩和芒硝共 10 种。此外，锰、银、金、石墨、膨润土、高岭岩、石英岩（优质硅石）、含钾岩石、花岗岩和沸石这 10 种矿产也有着良好的勘查和开发前景。截至 2013 年年底，全省煤炭保有资源储量为 2694 亿吨，占全国的三分之一；铝土矿保有资源储量 14.03 亿吨；铁矿保有资源储量 34.10 亿吨❶。

虽然山西矿产资源丰富，但是随着山西能源基地地位的确定，以及山西整体发展规划，对各种矿产资源都进行了高强度的开采利用。在开采矿产资源的过程中，也对其他的资源产业产生了破坏性的影响。据统计，山西累计破坏、塌陷和煤矸石压占土地的数量每年都在增加。另外，山西原本就是水资源比较缺乏的地区。2014 年，山西水资源总量为 111 亿立方米，仅占全国水资源总量 27 266.9 亿立方米的 0.41%❷。然而作为山西主导产业的重化工业，又是高水耗、高能耗的产业，所以目前山西的水资源也面临着严重匮乏的局面。山西具体资源储量见表 4-1 所示。

表 4-1　山西 2009—2014 年资源储量

年份	水资源总量（亿立方米）	煤炭基础储量（亿吨）	铁矿石基础储量（亿吨）
2009	85.8	1055.5	5.8
2010	91.5	844.0	12.1
2011	124.3	834.6	13.4
2012	106.2	908.4	12.8
2013	126.6	906.8	12.7
2014	111.0	920.9	16.9

数据来源：根据 2010-2015 年《中国统计年鉴》中相关数据整理。

---

❶　http：//www.shanxilr.gov.cn/Article/ShowArticle.asp？ArticleID＝38114.
❷　数据来自 2015 年《中国统计年鉴》。

通过对山西水资源的储量进行分析可以看出，随着近年来山西对水资源短缺现象的重视，2009—2014 年，山西水资源总量基本保持增加势头，但与全国他省市相比，山西仍未摆脱水资源匮乏的局面。

从煤炭基础储量和铁矿石基础储量的数据可以看出，由于新矿产不断被探明，使得山西的煤炭资源和铁矿石资源的基础储量有所增加，但是增加的幅度并不大。然而山西对于两种资源的消费速度则远远大于这两种资源的增长速度，因此，山西最终还是会面临资源短缺的局面。另外，山西还拥有很多其他的矿产资源，但是这些资源都没有得到充分利用。所以，在山西发展经济过程中，一定要提高这些资源的利用率，以保证经济发展的可持续性。

4.2　山西自然资源禀赋特征

4.2.1　山西土地资源禀赋特征

山西土地资源有以下禀赋特征。

（1）山西土地资源复杂多样，适宜于农、林、牧和渔业全面发展。山西土地资源大致可分为东西山地系列、中部平原高地系列，以及广泛分布的黄土丘陵系列三大类。不同的土地类型具有不同的限制性因素，以及各自不同的适宜程度和适宜性，从而为开展多种经营和农、林、牧和渔业的综合发展提供了有利条件。

（2）山西土地面积较广，土地质量较差。山西属于全国各省、市中人均土地较少的省区之一，但比沿海及邻近省区（内蒙古除外）高得多；人均耕地、林地、牧草地也比河南、河北、山东等邻近省份多。因此，相对来说，山西的土地资源是比较丰富的。但是山西除中南部盆地外，土地质量一般较差，全省 79.1% 的土地属山地和丘陵（全国为 69.0%）；69.1% 的土地属水土流失区（全国为16%）。全省土地每年流失大量的氮、磷、钾，全省土地因普遍缺磷少氮而地力不足。土壤有机质含量在1%以上的耕地仅占耕地总面积的1/4，瘠薄坡耕地、盐碱地等低产田占总耕地面积的2/3以上。全省林地灌木林和疏林比重几乎占到一半，大多数森林还处在演替与更新的初期阶段。平均每公顷林地蓄积量仅28.65立方米，不到全国平均水平的一半。山西草地资源数量不多，质量不高，草地生产力属中下等水平，而且由于过度放牧，草质退化严重，毒草比例越来越高。所以总的来讲，山西无论耕地、林地和牧草地，生产力水平都比较低下，在全国位于中等偏下水平。同时，山西也是全国农业基础脆弱、抗灾能力不强的省区之一。

（3）耕地资源地域性差异大，水热土资源配合不协调。晋南盆地和晋西黄土丘陵区，耕地和光热资源丰富，但水资源缺乏；晋东南土石山区，水资源比较充足，耕地资源又相对缺乏；晋西北土地广阔，水热资源极差，加上风沙危害，高产农作物一般不能种植，耕地平均亩产不足百斤。

（4）耕地破坏严重，耕地后备资源开发利用难度较大。全省耕地中有一部分耕地属250°以上的陡坡地。随着陡坡地的退耕还林、还牧，以及建设占地、因灾废弃和采矿塌陷，耕地会大幅度减少。全省可垦耕地后备资源中一大部分属于黄土坡荒地，这类荒地大多为弃耕地，耕地分布零散、坡度较陡，土壤贫瘠，离居民点较远，进行垦殖时须采取必要的工程措施和生物措施，利用难度较大。

（5）耕地单产还有较大潜力。

4.2.2　山西再生资源禀赋特征

山西再生资源有以下禀赋特征。

（1）山西水资源非常贫乏，且地区分布不均。山西水资源非常短缺，在人口、工农业密集的地（市），水资源更加短缺，如大同、太原维持工农业生产和人民生活用水都极为紧张。水资源已成为制约工农业发展最大的因素。2013 年，山西各地、市水资源总量超过 10 亿立方米的有忻州、长治、临汾、晋中、吕梁、晋城和运城。其中，忻州水资源总量最多，达到18.89 亿立方米；而水资源最为贫乏的阳泉市，仅有 4.25 亿立方米；其次是太原也只有 4.66 亿立方米。❶

（2）水热条件配合较好，但气候灾害较多。从全国来看，山西年日照总时数比青藏高原和西北地区低，但比其他省、区多，植物光合有效辐射也高于全国平均水平。全省下半年气温较高，降水较丰，7~9 月降水量约占全年降水总量的 70%左右。此间，正值田间植物耗水量大、植物生长旺盛的阶段，所以水热资源的良好配合有效地提高了农业资源的利用效果，这对山西省的农业生产是十分有利的。但山西的气候灾害较多，如暴雨、干旱、连阴雨和霜冻等，尤其是干旱对农业生产危害极大。

（3）有的资源占有绝对优势，如吕梁山区的红枣，太行山区的核桃、中药材，山西全省广布的沙棘，晋中、晋南的苹果；有的仅具有相对优势，如晋东南的蚕桑等。

受再生资源的地理区位及市场交换条件诸方面的影响，山西的再生资源在加工转换过程中具有如下特征：①再生资源生产的分散性同加工地点、加工过程集中化的矛盾，尤其在资源比较分散的地区，资源的收集、收购工作比较突出。②再生资源产生季节性与加工过程连续性的矛盾。季节性资源的主要特征是时间性强，产品在一定时间内集中上市，如不及时加工处理，资源就会自然流失并造成一定的损失。③资源的拥有量比较丰富，但商品化率比较低和这在林产品、畜产品和中药材中都不同程度地存在。④具有相对优势的资源，如蚕桑，在省内晋东南是最适宜区，但在全国范围内只是次适宜区，其产品在全国或大范围市场上不一定具有很强的竞争力，一旦市场供过于求，损失大的往往是这些次适宜区。⑤真正具有优势

---

❶　数据来自 2015 年《山西统计年鉴》。

的产品，如中药材、沙棘和苹果等，尤其是中药材与沙棘，要求有较高的生产与加工技术，同时要求经营者有较丰富的市场营销经验。

4.2.3 山西非再生资源禀赋特征

山西非再生资源有以下禀赋特征。

（1）综观山西全省已探明储量的矿产资源，并结合成矿地质条件分析，山西煤炭资源十分丰富，黑色金属和有色金属均具有一定优势。非金属矿成矿条件好，水泥、建材原料能满足省内长期需要，因此山西属资源大省。

（2）煤炭资源丰富，开发利用条件优越。山西煤炭资源储量大、分布广、煤层多、煤种齐全、煤质优良、煤层稳定、倾角平缓、煤田地质构造以及水文地质条件简单、埋藏浅、整体优势相当突出。大规模开发山西煤炭资源具有投资少、见效快、效率高和成本低等多重效益。

（3）从矿产资源结构及主要矿种在国内的地位来看，煤居全国首位，铝土矿居全国第二位，优势突出，为能源和高耗能原材料工业的专业化发展奠定了良好的资源基础。

（4）共生和伴生矿产丰富，宜于综合利用。山西铝土矿中伴有稼矿，煤系地层中共生和伴生有锰铁矿、油页岩、菱铁矿、紫木节黏土等，铜矿中含有金、银、钴、钼、硫、胆矾和孔雀石，卤水中含有碘、溴、硼、锂、铷和铯等，这为矿产资源综合开发、一矿多用提供了良好的资源条件。

（5）全省矿石类型较为齐全，但贫矿多、富矿少。如铁矿中富矿仅占1.2%；铜矿占18.9%；高铝硅比铝土矿占12.9%；石膏Ⅰ级品只有25%；珍珠岩和硫铁矿缺少Ⅰ级品矿石；金红石、芒硝、磷矿均是低品位的矿石，加大了开发利用的难度。

（6）部分矿种不足或短缺。最突出的劣势是农用氮、磷和钾矿。氮的主要矿物是钠硝石，储量很少；磷矿保有储量占全国的2.81%，但是晶质磷矿、含磷砂砾岩、磷块岩等，品位都很低，远不能满足省内的需要；含钾砂页岩储量虽较大，但制取钾肥成本太高，而可溶性钾盐矿种又严重缺乏，属短缺矿床。此外，与铜铁工业配套的如铬、锰、菱镁矿和萤石等均较缺乏。

（7）有的资源储量不多，但因具有区位优势，在国内地位突出。如盐类资源，运城盐湖是我国内陆地区重要的芒硝生产基地。盐湖保有储量仅占全国的 0.68%，因所处地理位置重要，盐类资源又具有强烈的再生性，因此其资源地位较为重要。

（8）有色金属矿产资源集中度较高，这种资源禀赋有利于资源的集中开发。如果考虑到这种大矿资源的伴生和共生现象，则对这些资源进行大规模的高投入开发就成了必然选择。但由于有色金属的自然禀赋，产业扩张效应不足，难以带动其他产业发展。

山西在非再生资源生产、加工转换过程中具有如下特征。①尤其对于煤炭工业而言，运力严重不足。②煤炭加工转换比例过低。原煤入洗比重低，严重影响了煤矿企业的收益。煤炭加工转换能力过低，给本省煤炭消费造成了极其不良的后果。煤炭热量利用率低，增加了铁路运输量，损失了大量化工原料。③能源工业及高耗能工业的大规模发展，造成了严重的环境污染，直接危及人民身体健康。④资源浪费严重。资源浪费表现为乱开乱采、采富弃贫、采易弃难、采厚弃薄和优矿不能优用等方面。如相当一部分集体和个人开采高铝黏土矿石时，只采用特级料和Ⅰ级料，而大量的Ⅱ、Ⅲ级料被白白扔掉；离石—柳林矿区主焦煤被国家列为稀缺矿种，要求实行保护性开采，但大量优质炼焦煤被用作动力煤和生活用煤。另外，与主矿共生、伴生的有益组分绝大部分也未被综合回收利用。⑤金属矿采选冶和深加工能力不配套，存在初级产品多、加工产品少的问题。⑥非金属矿产以出卖原矿和初加工为主，是一种粗放型的生产结构。如山西省石膏粉和石膏数量很少，绝大部分石膏以原矿销往外省；硫铁矿产量居全国前列，但 80% 以上矿石运往省外。这种出售原矿和粗加工产品的方式必然导致价值的流失。⑦山西能源资源丰富，受能源优势的吸引发展了一些高耗能、污染严重的冶炼工业，它们在对矿产资源进行开发的同时，更重要的是把已有的能源进行了转化。然而这种高耗能、高污染的工业优势曾经带动了山西的经济增长，但也给山西带来了惨痛的代价。

从资源禀赋型经济的角度看，自然资源优势只有同与之相应的技术水平与制度组织相一致，才能使资源优势转化为产品及产业优势。认识山西自然资源禀赋，就是要为资源的深度开发寻找适宜的技术与制度环境。

4.3 山西资源型经济现状

山西是我国最大的能源基地，已探明的煤炭资源储量占全国总量的三分之一，煤炭的年生产量占全国总量的四分之一，焦炭的年生产量占全国总量的五分之一，发电量也占全国发电总量比较大的一部分。在这些丰富的物质资源的支撑下，山西经济得到了快速发展。

在改革开放以来的三十多年中，山西为了发展当地经济，进行了很多实践性的探索。先后提出的许多非常有建设性的意见和具体的实施方案，逐步在山西各个地区得到落实和实施，并取得了一定的经济效果。山西的地区生产总值从 1978 年的 87.99 亿元增加到 2015 年的 1.28 万亿元。其中，第一产业的地区生产总值从 1978 年的 18.2 亿元增加到 2015 年的 788.1 亿元；第二产业的地区生产总值从 1978 年的 51.5 亿元增加到 2015 年的 5224.3 亿元；而第三产业的地区生产总值则由 1978 年的 18.3 亿元增加到 2015 年的 6790.2 亿元。❶山西地区生产总值连年上升，经济水平有所提高，人民生活水平也得到了一定的改善。

---

❶ 数据来自《山西省 2015 年国民经济和社会发展统计公报》。

然而，山西在改革开放过程中所取得的这些成就需要消耗大量的能源，而且部分能源消耗速度大于经济增长速度。这主要是因为山西对这些能源的开发和利用不充分，导致其能源消耗速度快，而地区生产总值增加幅度小。这些可以通过历年的能源消费弹性系数看出❶，具体数据见表4-2。

表4-2　山西与全国主要年份能源消费弹性系数对比

年份	全国能源消费弹性系数	山西能源消费弹性系数	全国电力消费弹性系数	山西电力消费弹性系数	山西煤炭消费弹性系数
1985	0.60	1.44	0.67	2.09	1.01
1990	0.47	−0.04	1.63	0.60	−2.51
1995	0.63	0.84	0.75	0.90	0.49
2000	0.42	0.38	1.13	1.24	0.26
2005	0.93	0.68	1.19	1.13	0.26
2006	0.76	0.82	1.15	1.36	0.49
2007	0.59	0.58	1.01	1.57	0.93
2008	0.41	0.04	0.58	−0.31	0.93
2009	0.57	0.61	0.78	−0.46	1.12
2010	0.58	0.57	1.27	1.11	0.46
2011	0.76	0.69	1.30	1.09	0.75
2012	0.51	0.55	0.77	0.60	0.30
2013	0.48	0.54	0.97	0.40	0.86
2014	0.30	0.10	0.51	−0.06	−0.62

数据来源：根据2015年《山西统计年鉴》和2015年《中国统计年鉴》中相关数据整理、计算所得。

从表4-2中数据可以看出，在大多数年份中，山西能源消费弹性系数

❶ 能源消费弹性系数，是反映能源消费增长速度与国民经济增长速度之间比例关系的指标，通常用两者年平均增长率的比值表示。计算公式为：能源消费弹性系数=能源消费量年平均增长率/国民经济年平均增长率。

和电力消费弹性系数与全国持平或高于全国。这说明，在保持同样经济增长速度下，山西经济耗费的能源量高于全国。2005—2011年，山西电力消费弹性系数大都大于1，这意味着山西电力的消耗速度大于其经济增长速度，山西各行业对电力的消耗比较大。可喜的是，在2011—2013年，山西能源消费弹性系数和电力消费弹性系数均出现了下降趋势，说明山西对于资源的利用率有所提高。但单就煤炭来说，自2000年之后，山西煤炭消费弹性系数呈现出阶段性上涨的局面，说明山西仍旧没有充分利用好本省最为丰富的煤炭资源。此外，值得注意的是，2014年山西与全国的能源消费弹性系数都出现了大幅度下降，而且山西电力消费弹性系数和煤炭消费弹性系数均为负值。这表明，与2013年相比，2014年山西对电力和煤炭的消费总量下降了，但这并不能说明2014年山西与全国对于资源的利用率大幅度提高了，而只是山西与全国经济增速放缓导致对能源的需求下降的一种表现。总体来看，山西经济发展对于各种能源的消耗速度，尤其是对电力的消耗速度还是比较快的。因此，山西有必要对其产业结构进行调整，改变目前的高能耗现状，实现产业转化。

4.4 新中国成立以来，山西产业结构的发展演变及阶段性特征

4.4.1 新中国成立以来山西产业结构的发展演变

新中国成立以来，山西产业结构发生了很大的变化，第一产业占比逐渐下降，而第二产业和三产业占比则一路攀升。第一产业占比1952年为58.6%，改革开放初期的1978年为20.7%，1992年为15.0%，1999年为9.6%。自1999年之后，第一产业占比一直低于10%。目前，这一比例已较为稳定。与此同时，第三产业增加值占全省生产总值的比重则一路稳步攀

升，而占传统主导地位的第二产业增加值占全省生产总值的比重则有逐步
下降的趋势，见表4-3和图4-1。

表4-3　山西产业结构演变历史

单位:%

年份	第一产业	第二产业	第三产业
1952	58.6	17.2	24.2
1953	55.6	17.6	26.8
1954	52.7	21.8	25.5
1955	50.6	24.3	25.1
1956	47.8	25.8	26.4
1957	39.6	32.2	28.2
1958	34.6	37.1	28.3
1959	25.8	47.6	26.7
1960	17.7	57.0	25.3
1961	30.5	39.5	30.0
1962	34.1	37.6	28.3
1963	34.2	39.2	26.6
1964	34.1	40.6	25.3
1965	28.9	46.7	24.3
1966	28.6	48.9	22.4
1967	32.0	46.1	22.0
1968	37.3	38.5	24.3
1969	34.5	43.4	22.1
1970	26.3	52.5	21.2
1971	29.3	49.5	21.2
1972	25.4	52.3	22.3
1973	28.2	50.3	21.4

年份	第一产业	第二产业	第三产业
1974	29.8	47.9	22.2
1975	29.8	49.7	20.5
1976	29.5	48.5	22.0
1977	25.2	52.6	22.2
1978	20.7	58.5	20.8
1979	21.3	58.9	19.8
1980	19.0	58.4	22.6
1981	25.6	53.0	21.5
1982	26.8	50.5	22.7
1983	24.4	53.2	22.4
1984	23.4	52.2	24.3
1985	19.3	54.8	25.9
1986	16.1	54.5	29.3
1987	15.2	53.6	31.2
1988	15.3	51.6	33.1
1989	16.9	50.2	32.9
1990	18.8	48.9	32.3
1991	14.7	50.4	34.9
1992	15.0	49.0	35.9
1993	14.3	49.2	36.5
1994	15.0	48.0	37.0
1995	15.7	46.0	38.4
1996	15.3	46.5	38.2
1997	13.0	47.9	39.1
1998	12.9	47.3	39.9
1999	9.6	47.1	43.3

续表

年份	第一产业	第二产业	第三产业
2000	9.7	46.5	43.8
2001	8.4	47.1	44.5
2002	8.5	48.8	42.7
2003	7.5	51.3	41.2
2004	7.7	53.7	38.5
2005	6.2	55.7	38.1
2006	5.7	56.5	37.8
2007	5.2	57.3	37.5
2008	4.3	58.0	37.7
2009	6.5	54.3	39.2
2010	6.0	56.9	37.1
2011	5.7	59.0	35.2
2012	5.8	55.6	38.7
2013	5.9	53.3	40.9
2014	6.2	49.3	44.5

数据来源：1952—1989 年数据来自《辉煌山西 60 年》，1990—2014 年数据来自 2015 年《山西统计年鉴》。

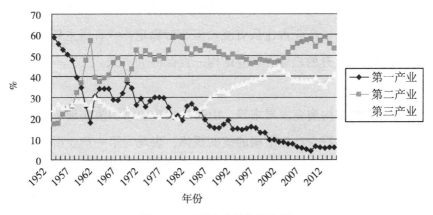

图 4-1　山西产业结构演变图

根据钱纳里等经济学家对人类社会经济发展趋势规律的总结，不同的经济发展水平对应不同的产业结构。随着工业化进程的发展，三次产业结构的顺序会从"一、二、三"的发展顺序和比重，逐步演变为"二、一、三"或"二、三、一"的结构比重，直至最后演变为当代发达国家的"三、二、一"的产业结构比重。在这个演变过程中，第一产业的产值和就业比重份额都在趋于减少；第二产业开始是迅速增加，然后趋于稳定；第三产业所占的份额一直在增长。

从表4-3可以看到，山西三次产业结构基本遵循了第一产业在国民经济中的比重逐年下降，第二产业在GDP中居主要地位，第三产业的比重整体呈稳步上升态势的产业结构演变规律。然而，由于山西特有的自然环境和资源禀赋等原因，以及山西经济呈资源型经济等特征，山西产业结构的演变又略有不同。1952—1956年，山西产业结构一直保持"一、三、二"的格局；1957年，第二产业增加值首次超过第三产业，实现了产业结构从"一、三、二"向"一、二、三"的转变；1958年，第二产业增加值超过了第一产业，产业结构演变为"二、一、三"的发展态势，自此之后一直到1983年，山西产业结构基本保持了"二、一、三"的发展顺序；1984年，第三产业增加值超过了第一产业，实现了产业结构从"二、一、三"向"二、三、一"的转变。1984—2014年，山西产业结构呈现出第一产业占比逐渐下降，第二产业占比虽有波动但相对稳定，一直居主导地位，第三产业占比逐年上升的趋势，产业结构一直保持了"二、三、一"的发展顺序。

从山西产业结构演变发展来看，山西三次产业结构演变细节虽略有不同，但总体上基本符合产业结构的演变规律，表现为第一产业所占比例逐年下降、第二产业加快发展居主导地位、第三产业迅速发展。只是自1984年至2014年，这三十年的时间山西产业结构一直呈现出"二、三、一"的发展状态，还未实现向"三、二、一"的转变，这与山西的资源禀赋和重工业占主导的经济地位有很大关系。

4.4.2 新中国成立以来山西产业结构发展演变的阶段性特征

新中国成立以来，山西产业结构的发展演变与山西老工业基地的发展有着密切的关系。

山西老工业基地是新中国成立后，在国家实施优先发展重工业战略的强力推动下，依靠独特的区位优势和丰富的矿产资源，经过"一五"时期52项国家限额以上工业项目建设、20世纪60年代"三线"军工企业建设、改革开放后大规模能源基地建设，以及20世纪90年代末以来经济结构调整这几个重要发展阶段，而形成的以煤焦、电力、冶金、化工、机械和建材六大传统产业为支柱，兼有轻工、电子、医药、纺织和食品等门类齐全、基础雄厚的工业体系，以及太原、大同、长治、阳泉等老工业城市，因此山西是我国中部地区老工业基地的典型代表。

1. 1949—1978年：国家优先发展重工业战略奠定了山西老工业基地的雏形

国民经济三年恢复和"一五""二五"时期，是山西老工业基地形成的奠基阶段。新中国成立初期，山西工业基础薄弱。1952年，第二产业占比仅为17.2%。根据国家优先发展重工业的战略，山西将发展基础工业和国防工业作为经济建设的中心任务。"一五"期间，山西完成限额以上国家工业项目52项。其中，包括苏联援建的156个项目中的18个，重点建设了太原重型机械厂、太原第一和第二热电厂、大同机车厂、太原化工厂、大同矿务局等一批机械、化工、煤炭、电力企业，初步形成了以太原、大同、长治为中心的重工业基地，从而奠定了山西老工业基地的雏形。"二五"期间，国家计委、中央各工业部继续加大了对山西新建、改建项目投资的力度，国家累计向山西投资 38.65 亿元，占到同期全国基本建设投资的 5.3%，新建、改建了近 100 多个工矿项目。

在"一五""二五"时期，山西在全国"优先发展重工业"的工业化轨道上，借助国家的投资和支持强化了基础原材料工业和高技术的装备制造工业，快速完成了工业化起跑阶段。在此期间，山西第二产业占比逐年增加。1958 年，第二产业增加值首次超过了第一产业，在三次产业结构中居主导地位，占比 37.1%，产业结构呈现出"二、一、三"的发展态势。

2. 1978—1999 年：能源基地建设，强化了山西资源型产业的支柱地位

20 世纪 80 年代初，是我国改革开放的"黄金时期"，经济建设进入全面高速发展阶段。由于经济高速增长，能源短缺成为制约增长的主要"瓶颈"。为此，国家确立了"优先发展能源工业"的方针。山西依托资源优势、地理区位优势和雄厚的煤炭工业基础，再次成为国家开发建设的重点。1980 年 5 月，以《人民日报》发表题为《尽快把山西建设成为一个强大的能源基地》社论为标志，山西全面进入了大规模、高强度开发的能源基地建设时期。这一重大决策对山西的产业结构产生了很大的影响。山西工业化的进程、产业结构的变动以及经济体制的改革，都与建设能源基地这一战略目标密切相关。这一时期山西的产业结构发展大体分为两个阶段。

第一阶段：20 世纪 80 年代。在这一时期，国家确定了要将山西建设成为全国的能源基地的考虑，并派出了大批学者和专家对山西的经济状况进行实地考察，以此为依据为山西的经济发展制定了详细的发展规划。为了有力地执行这一发展规划，国家投入的资金达 1000 多亿元，并结合山西当前的资源储备状况，通过对煤炭资源进行大量开发的基本方式，对山西整体的产业结构进行了大的调整。

这种调整方式一方面在很大程度上推动了山西煤炭化工业的发展，而煤炭化工业快速发展的同时，又带动了冶金、电力、交通运输等与之相关的配套型产业的发展。这在一定程度上加快了山西经济发展的速度，提高了山西的综合经济实力。另一方面，这对山西产业结构也产生了很大影响，使资源型产业在全省工业经济中的地位得到了进一步加强。在这一时期，山西第二产业占比一直超过50%，稳居主导地位。然而，在此期间，经济的发展和产业结构的调整仍旧是在传统计划经济体制下进行的。煤炭的分配运销由国家宏观计划规定，煤炭价格也由国家统一制定，经济发展和产业结构调整受传统经济理论的约束仍然比较多。这主要体现在生产部门的划分上依然采用马克思主义政治经学的基本原理，将社会生产分为生产资料生产和消费资料生产。产业结构调整方式仍然存在"重生产、轻流通、轻消费"的倾向，忽视了其他生产部门对经济发展的推动作用，没有对服务业的发展作出合理的发展规划。另外，它还体现在仅仅认识到劳动者、劳动手段、劳动对象等传统的生产力要素在经济发展过程中的重要作用。对于新兴的生产力要素，如科学技术，的发展没有引起足够的重视。在生产过程中投入的技术要素较低，不能够充分利用资源，有效地提高生产效率。

第二阶段：20世纪80年代后期到20世纪90年代末。20世纪80年代以来，全国经济进入高速增长时期，我国东部地区率先实现改革开放，经济发展速度大大高于内地。山西尽管通过能源基地建设保持着较高的增长速度，但工业发展已明显落后于东部地区。20世纪90年代，我国已基本走出短缺经济的局面，大部分工业产品已实现供求平衡甚至供大于求。通过建设能源基地和对能源工业的高强度投资，全国煤炭及电力"瓶颈"已大大缓解，国家向山西能源工业的投资大幅度降低。山西的加工工业和基础原材料工业在20世纪80年代陆续进入市场。20世纪90年代，国家放开煤炭价格，煤炭工业也全面进入市场。山西依靠计划手段建立起来的工业体系，特别是占工业经济主导地位的国有大中型企业，失去了指令性计划的保护和短缺性的市场环境，在竞争中逐渐陷入困境。

在这一时期，山西第二产业在国民经济中虽然仍占主导地位，但其增加值所占比例已跌至 50% 以下。能源基地建设以来，山西轻重工业失衡和区域产业结构失调状况更加严重。到 1998 年，山西轻重工业结构比由 20 世纪 80 年代末的 27：73，滑落到 16.85：83.15。在重工业中，采掘、原材料和加工工业比例为 25.3：49.7：25。采掘工业比重基本稳定，加工工业比重持续下滑，原材料工业（包括电力工业）比重在市场比较优势导向下快速提高，使山西工业产业结构初级化倾向更加严重。此外，山西由于除能源工业和高耗能工业以外，其他工业发展缓慢甚至停滞。1994 年以后，工业经济效益持续滑坡，山西各项经济指标在全国各省、市中的位次逐年滑落。其中，人均 GDP 在全国的排名由 1979 年的第 7 位下滑到 1999 年的第 19 位，城镇居民人均可支配收入更是落到全国各省市倒数第一。

随着我国对外开放深化和全球经济一体化的冲击，山西高投资、高污染、低效益的传统工业化模式已难以支撑经济的持续增长。山西在能源基地建设任务基本完成基础上，进入产业结构全面调整新的历史阶段。由此可见，山西产业结构调整问题刻不容缓。山西省委省政府也明确表示，要将产业结构调整作为经济发展的重中之重，产业结构调整直接由省委省政府进行管理。在这一阶段，山西第一次将产业结构调整作为整个经济发展首要的问题，进行重点规划管理，使山西的产业结构调整直接进入了高层推动阶段。在这个时期，山西的经济发展和产业结构调整都取得了一些成果。然而，经济发展中长期形成的结构性、体制性、资源枯竭和生态环境恶化等矛盾和问题仍然十分突出。

3. 1999 年至今：新一轮经济结构调整，山西老工业基地步入改造阶段

1999 年至今，山西开始了新一轮的经济结构调整。山西省委省政府对产业结构调整的具体实施方案进行了战略性的部署。在这个时期，山西充

分认识到产业结构调整应该注重市场的引导作用，对产业的发展则应该着眼于未来经济的发展，强调提高国民经济整体素质。在发展经济过程中，应该全面考虑，不能够忽视产业结构调整的社会效益和生态效益。因此，应该大力推进产品结构的优化升级，实现产业结构的高度化和合理化，培育和发展生态型产业，实现山西经济的可持续发展。在这一阶段，专家学者通过大量的实践、考察和研究，发现制约山西经济发展的关键性因素是产业结构的不合理，过分依赖重化工业的发展，对资源的消耗大，对环境的污染严重。因此，必须尽快调整山西的产业结构才能够从根本上解决山西经济发展过程中遇到的一些环境污染、资源短缺等问题。与此同时，山西还认识到科学技术在经济发展中的重要地位，意识到产业结构调整应该以经济、社会、生态的可持续发展为基本目标。因此，山西在产业结构调整过程中，重视扶持优势行业的发展，注重当地特色经济的发展。山西的产业结构调整研究和实践，进入了全新的时期。

4.5　山西三次产业结构总体发展现状

山西从 20 世纪 50 年代开始进行重点项目建设，在"一五"和"二五"建设期间，国家累计向山西投资 48.81 亿元。在全国 156 项重点建设项目中，有 18 项建在山西，占到全国建设项目比重的 12%。新建和改建了近 100 多个工矿项目，占同期全国基本建设投资的 5.3%。通过"一五""二五"时期的建设，确立了以煤炭、机械、冶金、电力和化工为主体，国有大中型企业为骨干的重工业体系。山西高速增长的时期是 1980—1998 年，全省投向煤炭、电力工业的资金累计达 940.1 亿元，为前 30 年投资总额的 18.8 倍，年均 47 亿元，平均占全省工业总投资的 56.1%。在能源工业的基础上，高耗能工业发展速度加快，能源工业和高耗能产业在全省工业经济中的支柱地位得到了进一步加强。

金融发展、产业结构优化与经济增长——山西产融结合新思路

1999 年以来，山西开始了新一轮的经济结构调整，产业结构发生了一定的变化，一产所占比重虽逐年下降。但最近几年来，山西通过实施产业结构调整政策，尤其是增加农业投入等措施，使得第一产业取得了较大发展。第二产业产值稳定增长。相比其他产业来说，增速最快，这与山西重视发展重工业是分不开的。"十二五"以来，虽然山西第二产业中的传统支柱产业总量不断扩大，但在山西调整优化产业结构的方针下，煤炭、炼焦、冶金和电力四大传统产业固定资产投资的比重正逐渐缩小；而作为山西新四大支柱产业的化工、装备制造、新型材料和旅游投资等发展迅速，产业规模也迅速扩大。第三产业也取得了快速的发展，产值不断增加。同时，山西独特的人文优势、丰富的旅游资源正在成为山西崛起的新的增长点。第三产业对全省国民经济的贡献逐步增强，但第三产业的发展仍处于一个规模扩张、能级不高的水平上。

虽然山西产业结构调整取得了一定的成效，但其产业结构不合理的现状依然存在。2014 年，山西三次产业比重为 6.2∶49.3∶44.5，非农业产值在产业结构中占了 93.8%，三次产业发展总体上呈现出"一产弱、二产大、三产小"的态势。工业以资源开采加工为主，形成了过分依赖煤炭资源的畸形资源型产业结构。这种结构使山西轻、重工业比例严重失调，高新技术产业发展受到制约，造成了山西的结构重型化、产品初级化。我国正处于工业化加速发展时期，客观上造成了对能源、原材料等资源型产品的需求旺盛。在这种强大的市场需求刺激下，资源型产业始终在山西经济增长中发挥着主导作用，是区域经济总量、税收和财政收入的主要因素，这又进一步加大了经济增长对资源的依赖。此外，第三产业虽然蓬勃发展，但是以邮电、通信为主的信息产业及社会服务业、房地产等的发展相对滞后，产业结构不合理已经严重制约了山西经济的发展。

在三次产业中，第二产业的能源使用比例最高。而山西第二产业的发展迅速，意味着山西对物质能源的消耗会高于其他地区。在山西历年三次

产业的能耗比例中，第二产业的能耗比例远远高于第一产业和第三产业，基本维持在 70% 以上的水平。在污染物排放方面，由于第二产业是排放污染的主要来源，且在经济中处于主导地位，尤其是重化工业能耗较大、污染比较严重，都给环境带来了巨大的破坏。第三产业中的新兴产业如金融业、咨询服务业、文化产业等基本都是零排放，对于环境的污染微乎其微。然而，山西在这些现代服务业方面的发展相对比较落后，服务业类型单一。此外，山西对于传统服务业如餐饮业、旅游业等的管理不够规范，也加大了对生态环境的压力。山西为了有效地解决目前面临的环境污染以及资源短缺问题，从"十一五"以来，全省制定并且实施了多项节能减排措施，强化节能管理和监督检查，节能工作取得了积极进展。但是由于受到自然资源禀赋及传统产业发展模式的影响，山西单位 GDP 能耗指数依然高于全国平均水平。可见，在山西经济发展过程中第二产业的迅速发展所造成的高能耗、高污染问题不容忽视。

总体来说，山西产业结构还是比较符合山西的比较优势的，但是其中污染严重的第二产业尤其是重工业所占比重过高，第三产业比重偏低，第一产业比重下降过快。因此，山西有必要对其产业结构进行合理的调整，加大农业技术投入，控制第二产业特别是重工业的发展速度，加快第三产业的发展，从而实现山西经济转型和可持续发展。

4.6　山西三次产业内部结构分析

4.6.1　山西第一产业内部结构分析

从三次产业内部结构来看，最近几年来，山西通过实施产业结构调整政策，尤其是增加农业投入等措施，使第一产业取得较大发展。但山西第一产业内部结构性矛盾还是很明显，其主要表现为传统农业比重过大，而特色农产品与渔业产值比重太低，畜牧业也有待发展，见表4-4。

表4-4　2005—2014年山西农业、林业、牧业和渔业增加值统计表

单位：亿元

增加值 年份	全部增加值	农业	林业	牧业	渔业	农林牧渔 服务业
2005	483.80	281.74	16.52	148.59	2.69	34.26
2006	441.85	292.15	15.34	119.40	2.33	12.61
2007	498.39	322.65	17.59	140.18	3.49	14.49
2008	595.92	366.16	20.24	185.37	4.23	19.92
2009	908.74	556.34	66.70	230.94	5.26	49.50
2010	1047.85	668.99	65.01	250.84	6.11	56.90
2011	1207.57	767.14	73.47	295.69	7.52	63.75
2012	1304.26	847.41	79.07	298.83	8.42	70.53
2013	1447.01	932.14	90.07	338.82	9.48	76.50
2014	1530.47	984.03	98.47	354.57	9.82	83.58

数据来源：根据2015年《山西统计年鉴》中相关数据整理。

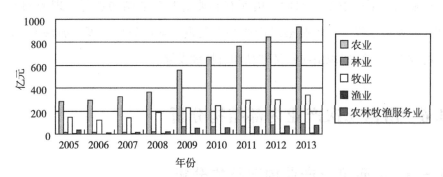

图4-2　2005—2014年山西农业、林业、牧业和渔业增加值

　　用第一产业内部增加值比重更能清晰地看到第一产业内部结构状况。如表4-5所示，山西第一产业以传统农业为主，农业增加值比重基本保持在60%以上。其次是畜牧业所占比重高。虽然自2005年以来，畜牧业所占

比重呈现出逐年下降的趋势,但其占比均在20%以上。自2005年开始,林业产值在第一产业中所占比重有所上升,但2010年之后基本稳定在6.2%左右。总体看,林业产值在第一产业中比重较低,渔业产值在第一产业中比重极低且很稳定,常年保持在0.6%左右。近十年来,农业、林业、牧业和渔业服务业产值在第一产业中比重经历了先降后升的发展态势,2005年的比重最高为7.1%,之后大幅下降,2009年之后基本稳定在5.4%左右。

表4-5　2005—2014年山西农业、林业、牧业和渔业增加值结构统计表

单位:亿元

增加值 年份	全部增加值 比重	农业	林业	牧业	渔业	农林牧渔 服务业
2005	100	58.2	3.4	30.7	0.6	7.1
2006	100	66.1	3.5	27.0	0.5	2.9
2007	100	64.7	3.5	28.1	0.7	2.9
2008	100	61.4	3.4	31.1	0.7	3.3
2009	100	61.2	7.3	25.4	0.6	5.4
2010	100	63.8	6.2	23.9	0.6	5.4
2011	100	63.5	6.1	24.5	0.6	5.3
2012	100	65.0	6.1	22.9	0.6	5.4
2013	100	64.4	6.2	23.4	0.7	5.3
2014	100	64.3	6.4	23.2	0.6	5.5

数据来源:根据2015年《山西统计年鉴》中相关数据计算。

山西第一产业内部结构存在不合理性。从第一产业产品结构来看,一方面,主要是蔬菜、玉米、谷子、马铃薯、小麦和生猪养殖业几个品种。农业内部结构发展比较单一,单一的结构反映出山西第一产业的资源综合利用率差,总体经济效益不高的状况。而且与单一的产品结构相伴随的是抵御市场风险的能力很弱,受制于市场的变化。另一方面,在山西第一产

业内部，林业、渔业、农业、林业、牧业和渔业服务业的发展非常弱。这三个部门加起来比重刚超过10%。山西农业、林业、牧业和渔业服务业对于提高第一产业的现代化水平有重要支撑。因此，应加大农业、林业、牧业和渔业服务业的比重。森林具有调节气候、维护生态系统平衡的重要作用，森林还是最大的"储碳库"和最经济的"吸碳库"，随着碳交易的快速发展，将使林业获得大量的碳汇收入，生态效益明显，生态文明建设强调发展生态经济，必然强调林业的战略地位，所以需要加大对林业的投入，提高林业的比重和地位。

4.6.2 山西第二产业内部结构分析

第二产业包括工业和建筑业，山西的工业占据了第二产业的绝大部分份额，占比约达到90%，而建筑业仅占10%左右，在此我们选择工业作为研究重点。根据2013年各行业产值数据，山西工业中前10大行业分别为煤炭开采和洗选业、黑色金属冶炼及压延加工业、电力、热力生产和供应业、石油加工、炼焦及核燃料加工业、通信设备、计算机及其他电子设备制造业、化学原料及化学制品制造业、黑色金属矿采选业、非金属矿物制品业、有色金属冶炼及压延加工业、农副食品加工业。其中，煤炭开采和洗选业在工业中的占比高达57.6%，在2013年山西总产值中的占比也高达27.4%，见表4-6。

表4-6　2013年山西工业中前10大行业的增加值及其比重

行业	增加值（亿元）	占工业增加值的比重（%）	占全部增加值的比重（%）
煤炭开采和洗选业	3458.63	57.6	27.4
黑色金属冶炼及压延加工业	471.86	7.9	3.7
电力、热力生产和供应业	440.03	7.3	3.5
石油加工、炼焦及核燃料加工业	244.55	4.1	1.9

续表

行业	增加值 （亿元）	占工业增加值 的比重（%）	占全部增加值 的比重（%）
通信设备、计算机及其他电子设备制造业	199.27	3.3	1.6
化学原料及化学制品制造业	170.77	2.8	1.4
黑色金属矿采选业	152.42	2.5	1.2
非金属矿物制品业	115.79	1.9	0.9
有色金属冶炼及压延加工业	96.66	1.6	0.8
农副食品加工业	95.24	1.6	0.8

资料来源：根据 2014 年《山西统计年鉴》中相关数据计算。

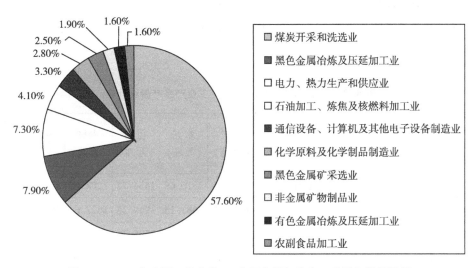

图 4-3　2013 年山西工业中前 10 大行业增加值占工业增加值的比重

　　通过对山西第二产业的工业内部结构进行分析可以看到，山西工业结构呈现出以下特点：重工业比重特别大，轻工业发育严重不足。从表 4-7 中可以看出，2008—2014 年，轻工业和重工业比重变化不大，重工业增加值所占比重一直稳定保持在 94.5% 左右，而轻工业增加值所占比重仅仅只有 5.5% 左右，轻工业和重工业比例严重失调。

表 4-7 2008—2014 年山西工业增加值结构

单位:%

年份	2008	2009	2010	2011	2012	2013	2014
全部工业增加值	100	100	100	100	100	100	100
轻工业	4.6	5.4	4.9	5.5	5.6	5.6	6.7
重工业	95.4	94.6	95.1	94.5	94.4	94.4	93.3

数据来源:根据 2009-2015 年《山西统计年鉴》中相关数据整理。

山西主要工业产品包括原煤、发电量、焦炭、水泥、粗钢、钢材、生铁,详见表4-8。2005—2013 年,各种主要工业产品的产量均保持上涨趋势。但值得注意的是,与2013 年相比,2014 年山西各种主要工业产品的产量却下降了,这与全国与山西经济增速放缓导致对工业产品的需求下降有一定的关系。

表 4-8 山西 2005—2014 年主要工业产品产量统计表

主要工业产品 年份	原煤 (万吨)	发电量 (亿千瓦/小时)	焦炭 (万吨)	水泥 (万吨)	粗钢 (万吨)	钢材 (万吨)	生铁 (万吨)
2005	55426	1316.50	7981.00	2310.68	1654.72	1368.60	3229.80
2006	58142	1526.40	9202.00	2681.13	1949.28	1677.63	3556.43
2007	63021	1760.50	9897.29	2780.91	2506.36	2097.27	3727.64
2008	65577	1793.78	8295.87	2451.67	2350.75	1984.90	2780.37
2009	61535	1873.80	7705.83	2753.18	2648.49	2289.10	3166.84
2010	74096	2150.56	8502.10	3670.29	3048.82	2866.35	3402.43
2011	87228	2344.00	9047.91	4101.47	3490.42	3371.16	3786.08
2012	91333	2534.99	8612.66	5076.21	3950.17	3799.47	4009.64
2013	96257	2603.72	9076.82	5269.09	4671.44	4487.04	4310.66
2014	92794	2647.04	8765.90	4801.96	4325.39	4701.01	4059.29

数据来源:根据 2015 年《山西统计年鉴》中相关数据整理。

从这一产品结构中可以看到，原煤、发电量、焦炭、水泥、粗钢、钢材、生铁都属于原材料和能源工业产品，也属于重工业产品。这说明，山西主要工业产品大都属于重工业产品，其工业乃至经济发展太依赖重工业，而其轻工制造业严重发育不足。

山西的重工业特别是原材料工业比重过大是产业结构不合理的体现。这种超重型工业结构给山西经济发展带来了矛盾。首先，以采掘业、原材料工业和粗加工为代表的重工业，与农业关联度不高，对农产品需求小，不利于带动农业产业的高度化水平。其次，工业本身是大量占用资金的部门，超重型工业结构对资金需求量大，加剧了山西资金短缺矛盾，也不利于资本积累。山西经济发展中最突出的矛盾之一是劳动力存在剩余而资金高度短缺，但是目前的工业结构配置不利于缓解这一矛盾。另外，山西的规模工业占绝对优势（超过70%），且大多是投资大、资本积累能力差的重工业。在轻重工业投资比重上，2014年，山西轻工业固定资产投资比重仅为15.7%，而重工业固定资产投资比重高达84.3%，并且重工业固定资产投资中投向能源工业的占到54.3%，❶大量的资金投入到重工业领域，导致重工业比重过大，而轻工业严重发育不足的局面。然而，重工业比重过大很难为山西工业化提供资本积累。因此，山西目前出现这样一个很尴尬的情况：如果由占主导地位的重工业来承担工业化的重任，但重工业的资本积累较差；而如果由轻工业来承担工业化的重任，但目前轻工业增加值仅占工业总产值5.5%的地位根本无法支撑山西的工业化发展，这显然具有不合理性。第二产业集中于原材料产业会导致"资源转移效应"和"支出效应"的发生，制约制造业和服务业的发展，不利于产业结构优化。

4.6.3　山西第三产业内部结构分析

第三产业包括商业、交通、金融、房地产、旅游、邮电、信息、教育、

---

❶　根据2015年《山西统计年鉴》中相关数据计算所得。

科技、文化、体育、卫生、环保等诸多部门和行业，其内部结构的调整对产业结构优化具有重要意义。山西第三产业内部结构见表4-9。

表4-9　山西2005—2014年第三产业内部构成统计表

单位:%

年份	全部增加值比重	交通运输、仓储和邮政业	批发和零售业	住宿和餐饮业	金融业	房地产业	其他服务业
2005	100	22.5	16.7	7.0	7.8	6.8	39.2
2006	100	22.2	17.1	6.5	8.0	6.8	39.3
2007	100	21.6	17.2	6.7	7.9	6.7	39.8
2008	100	20.1	17.8	7.2	8.0	7.1	39.8
2009	100	18.1	19.3	7.1	12.5	6.0	37.0
2010	100	19.2	20.4	6.8	13.1	5.6	34.9
2011	100	19.1	21.4	6.6	13.1	5.7	34.1
2012	100	18.1	21.2	6.4	13.7	6.4	36.5
2013	100	17.7	21.4	6.4	14.6	6.5	33.2
2014	100	17.4	14.0	5.3	15.8	10.5	36.2

数据来源：根据2006—2015年《中国统计年鉴》中相关数据计算所得。

表4-9中数据显示，山西第三产业内部结构表现为交通运输、仓储和邮政业，以及批发和零售业所占比重较大，即传统服务业比重大，新兴服务业发展不足的特点。2005—2014年，交通运输、仓储和邮政业所占比重呈现出逐年下降的发展趋势。2005—2013年，批发和零售业所占比重稳步增加，但与2013年相比，2014年其比重大幅下降。值得关注的是，金融业获得了很大的发展，其所占比重表现出逐年上涨的趋势。2005—2013年，住宿和餐饮业以及房地产业所占比重虽有波动，但波动性不大。然而2014年。住宿和餐饮业所占比重出现了下滑势头，而房地产业所占比重却大幅上涨。2005—2014年，其他服务业所占比重整体上看呈下降趋势。在其他

服务业中，水利、环境和公共设施管理业、科学研究和技术服务业以及租赁和商务服务业等一些生产性服务业的比重还很低，需要大力发展。

2014 年《山西省国民经济和社会发展统计公报》显示，全省全年社会消费品零售总额达到 5549.9 亿元，增长 11.3%。全省生产总值 12 759.4 亿元，按可比价格计算，比上年增长 4.9%。其中，第三产业增加值 5628.0 亿元，增长 7.0%，占生产总值的比重 44.1%，与全国平均水平（48.1%）接近。然而，第三产业的发展是以第二产业的充分发展为前提条件的，但山西第二产业中占主导的是原材料工业和能源工业，制造业薄弱，主导产业关联度低，第三产业的发展缺乏支撑的基础。山西经济发展水平落后，城乡居民收入和消费水平还比较低，服务业总体发展水平低、总量不足，结构层次低，增长方式粗放，质量和效益不高，市场竞争力不强。服务业在区域、城乡发展不平衡，农村服务业发展滞后，社会化服务体系不健全，服务人员素质、服务水平都需要改善。

4.7 山西产业结构优化存在的问题

从总体上来看，山西产业结构优化的步伐比较缓慢，进行组织实施的力度不大，没有取得突破性的进展。很多理论研究仍旧没有运用到实际操作中去，直接影响到山西经济的发展。特别是现在面临的能源危机、环境污染的问题日益严重，势必影响到以采掘工业、原材料为主的山西重化工业的发展，进而影响山西整体经济的发展趋势。所以山西在进行产业结构优化的过程中仍有很多问题需要解决。

4.7.1 过分重视重化工业的发展

由于受到资源禀赋的影响，山西第二产业发展迅速，并形成了以第二

产业为支柱产业的局面。2014 年，山西第二产业增加值占地区生产总值的
49.3%。然而山西第二产业的发展，几乎完全依靠重化工业的发展，第二产
业内部的结构不够合理。如前所述，2008—2014 年，山西重工业增加值所
占比重一直稳定保持在 94.5%左右，而轻工业增加值所占比重仅仅只有
5.5%左右，轻重工业比例严重失调。可见山西在发展第二产业的过程中，
基本完全依靠重工业进行推动。而这样的内部结构势必要求更多的自然资
源作为经济发展的坚实后盾，同时也会排放更多的废弃物，对环境造成更
大的压力。与此同时，山西对为第二产业输送基本生产要素的第一产业和
第三产业的发展有所忽视。2014 年，山西第一产业增加值所占比重仅为
6.2%，虽说这相对比较符合国际产业发展的趋势，但是由于山西农业的科
技化程度不高，生产效率低下，往往会导致其向其他产业输送的基本生产
生活资料出现短缺。可见，相对于山西来说，第一产业的发展存在不足。
而第三产业增加值所占比重在 2000 年以前呈上升趋势，但在 2000 年之后又
有所回落，2014 年其所占比重为 44.5%。特别是在山西存在行业垄断经营、
资源限制和严格的进入壁垒的情况下，使第三产业的发展层次比较低，所
提供的服务也无法满足第一产业、第二产业不断增长的需求。

4.7.2 生态环境压力不断加大

山西矿产资源非常丰富，尤其是煤炭、铁矿、铝矾土等探明的资源储
量都在全国名列前茅，因此发展以炼焦、煤炭加工、炼铝等为主导的产业
结构模式将对山西经济发展极为有利，但是发展这些产业都面临着严重的
环境污染问题。正因如此，经过长时期的发展山西形成了目前高耗能、高
污染、低效益、资源型的产业结构，而这种产业结构造成了十分严重的环
境污染和生态破坏。具体的污染物排放量如表 4-10 所示。

表 4-10　2009—2014 年山西主要污染物排放量及与全国的对比统计表

年份	废水排放量（万吨）			工业固体废物产生量（万吨）		
	全国	山西	比重（%）❶	全国	山西	比重（%）
2009	5890877	105875	1.8	203943.4	14742.9	7.2
2010	6172562	118299	1.9	240944.0	18270.0	7.6
2011	6591922	116132	1.8	322772.3	27555.9	8.5
2012	6847612	134298	2.0	329044.3	29031.5	8.8
2013	6954433	138030	2.0	327701.9	30520.5	9.3
2014	7161751	145033	2.0	325620.0	30198.7	9.3

年份	二氧化硫排放量（万吨）			烟（粉）尘排放量（万吨）		
	全国	山西	比重（%）	全国	山西	比重（%）
2009	2214.4	126.8	5.7	1371.3	107.5	7.8
2010	2185.1	124.9	5.7	1277.8	98.6	7.7
2011	2217.9	139.9	6.3	1278.8	113.0	8.8
2012	2117.6	130.2	6.1	1235.8	107.1	8.7
2013	2043.9	125.5	6.1	1278.1	102.7	8.0
2014	1974.4	120.8	6.1	1740.8	150.7	8.7

数据来源：根据 2010—2015 年《中国统计年鉴》中相关数据整理。

　　根据这些统计数据可以看出：2014 年，山西废水、工业固体废物、二氧化硫和烟（粉）尘排放量分别占全国平均水平的 2.0%、9.3%、6.1% 和 8.7%，而且从总体上看，2009—2014 年，山西上述四种主要污染物排放量占全国的比重基本保持逐年上升的发展趋势，这无疑使山西所承受的环境压力不断加大。与国内其他地区相比，山西主要污染物排放量较大。2014 年，山西工业固定废物排放量位居全国第二，仅次于河北；烟（粉）尘排放量位居全国第二，仅次于河北；二氧化硫排放量，位于山东、内蒙古之

---

❶ 本表中"比重"指山西主要污染物排放量与全国主要污染物排放量的比值。

后，排名全国第三。可见，山西主要污染物排放量均名列前茅。然而，如此之大的污染物排放量并没有给山西带来"引以为豪"的经济地位。2014年，山西地区生产总值达 12 759 亿元，在全国 31 个省、市中排名第 24 位，GDP 增速为 4.9%，位列全国倒数第一。由此可见，山西在经济发展过程中所面临的环境压力要明显高于我国其他地区，从全国来看山西经济发展落后，但主要污染物排放量却是一个很大的不容忽视的问题。

4.7.3 技术进步发展缓慢，科技创新能力不足

技术进步和科技创新是促进产业结构优化的主要动力。在技术进步和科技创新的推动下，资源和生产要素将会从低生产率部门向高生产率部门转移，从而高生产率部门将会优先得到发展，低生产率部门将会被不断地淘汰，并逐渐退出市场，最终带来产业结构的优化升级。技术进步和科技创新在提高社会整体生产率的同时，还能够提高物质资源和能源的使用效率，进而会减少污染物的排放，带来一定的生态效益，减少对自然生态环境产生的压力，实现经济的可持续发展。

然而，山西技术进步的步伐却比较缓慢，科技创新能力不足，这已经成为严重制约山西产业结构优化和经济发展的主要短板。据统计，山西从事科研活动的科学家和工程师人数仅占全国从事科研工作人数的 0.2% 左右。规模以上工业企业有研发活动的仅占 8.2%，建立研发机构的企业只占 5.83%，明显低于全国 11.64% 的平均水平，在中部六省是末位。全省高技术企业 520 家，仅占全国总数的 0.66%，在中部六省也是末位。此外，教育的落后和人才的缺失，也成为制约山西技术进步和科技创新能力提升的重要因素。全省 23 所本科高校，2014 年转让专利成果只有 21 项，实际收入不足 1000 万元。客观上，山西高校创新人才严重不足，特别是缺少"领军人物"。全省没有一所"985"大学，这将对申报重大科技计划，甚至申报院士产生影响。全省 23 所本科高校有博士生导师 714 人，而中南大学仅一

所大学就有 748 人。而且中南大学有国家重点一级学科 6 个，院士 17 人，而山西全省高校只有 2 位院士，而且没有一个国家重点一级学科。这些都将制约山西技术进步的步伐和科技创新能力的提升，并最终影响产业结构的优化和经济的可持续发展。

此外，山西在农业技术投入方面也比较落后，其农业生产仍然采用传统的农业生产方式。在农业生产过程中，投入的科技要素相对于其他产业来说较少，导致农业生产效率较低、资源浪费严重，并且对环境也有一定的污染。首先，采用传统的灌溉方式容易造成水资源的巨大浪费。其次，使用传统农用化肥以及农药，其残留物容易随地表水流入附近流域或者渗入地下，导致附近水域和地下水污染。第三，畜牧业的产品附加值低，进行的深加工较少，对于其养殖过程中产生的一些副产品利用率比较低，不能够充分利用这些资源。

由此可见，技术进步缓慢和科技创新能力不足都已严重影响到山西产业结构的优化和经济的可持续发展。

4.7.4 能源利用效率低下

虽然山西探明的煤炭储量居全国第一，煤炭种类齐全，极大地促进了山西能源产业的发展，但是由于开采的不合理、不科学，导致煤炭资源的极大浪费。山西的资源综合利用率低于全国平均水平，更远低于发达国家。单位 GDP 用水量较高，超出国内先进水平一倍以上。矿产资源平均回采率较低，煤炭资源回采率平均为 45.8%。能源消耗强度高，能源利用率低，综合能耗产出率仅为 3.5% 左右。山西重工业产值占工业总产值的比重常年保持在 94.5% 左右，远高于全国平均水平，而重工业内部耗能工业所占比重高达 50% 左右。这些都直接导致山西单位 GDP 能耗、人均能耗、人均生活能耗均高于全国平均水平。

山西还是我国水资源异常缺乏的省份，全省连续多年的水资源量仅为全国水资源总量的0.45%，人均水资源量仅为305.6立方米，在全国排名第26位。但是在水资源利用方面，山西也存在很大的破坏和浪费现象。据统计，煤炭开采破坏水资源面积占到全省总面积的13%。所以，山西在能源利用方面确实存在较大的问题，需要引起足够的重视。在今后的发展过程中，要注重提高能源利用效率，用有限的资源创造更多的社会财富。

山西产业结构优化方面还存在很多其他的问题，如山西国际化程度比较低。2014年，全国货物进出口贸易总额为43 016.51亿美元，而山西为162.49亿美元，仅占全国的0.38%。2014年，全国实际使用外资额1197.05亿美元，而山西实际使用外资额33.57亿美元，仅占全国的2.8%。可见山西对外贸的依存度很低，从而在引进国外先进技术设备、先进管理理念方面存在着很大的障碍，无法真正与国际市场接轨，无法充分利用国际产业转移的大好时机，根据国际市场需求情况来调整相关产业的发展。这也在一定程度上减缓了山西产业结构优化的步伐。

虽然山西在产业结构优化过程中取得了一定的成效，但是其依旧延续了传统的产业结构调整模式，过分重视重化工业的发展，比较注重经济效益的提高，却没有重视产业发展的生态效益，从而导致山西重工业发展"一产独大"和生态环境压力不断加大的局面。要彻底改变这一局面，必须以经济的可持续发展为目标，加强轻工业和第三产业的发展，降低重化工业所占比重，减少重化工业对环境的污染，并充分利用山西丰富的矿产资源创造更多的社会经济效益。

第五章　山西金融发展及其支持产业结构优化状况分析

5.1　山西金融业发展状况分析

5.1.1　山西金融业总体发展状况分析

随着山西经济发展水平的提高，金融市场体系的逐步成熟、组织体系的日趋完善和经营体制机制的不断转变，金融业在山西经济社会发展中的地位越来越重要。2014 年，山西金融业增加值占其国内生产总值的比重达 7.03%，且有逐步提高的趋势，具体见表 5-1 所示。

表 5-1　山西金融业增加值与第三产业增加值和 GDP 的关系

年份	GDP（亿元）	第三产业增加值（亿元）	金融业增加值（亿元）	金融业增加值/第三产业增加值（%）	金融业增加值/GDP（%）
2004	3042.41	978.96	80.55	8.23	2.65
2005	4179.52	1563.94	122.09	7.81	2.92
2006	4752.54	1727.44	138.26	8.00	2.91
2007	5733.35	2025.09	160.31	7.92	2.80
2008	6938.73	2370.48	189.76	8.01	2.73

续表

年份	GDP（亿元）	第三产业增加值（亿元）	金融业增加值（亿元）	金融业增加值/第三产业增加值（%）	金融业增加值/GDP（%）
2009	7358.31	2886.92	361.64	12.53	4.91
2010	9200.86	3412.38	448.30	13.14	4.87
2011	11237.55	3960.87	519.32	13.11	4.62
2012	12112.83	4682.95	639.61	13.66	5.28
2013	12602.24	5035.75	736.27	14.62	5.84
2014	12761.49	5678.69	897.26	15.80	7.03

数据来源：根据2005—2015年《中国统计年鉴》中相关数据整理、计算所得。

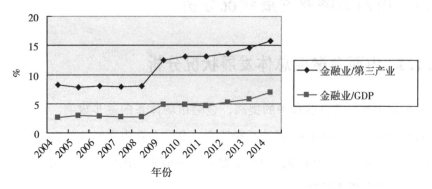

图5-1 山西金融业增加值与第三产业增加值和GDP的关系

从表5-1可以看出，2004—2014年，山西金融业增加值随着第三产业增加值和GDP总量的增加而逐年增加，由2004年的80.55亿元增加到2014年的897.26亿元。从相对量来看，山西金融业增加值占第三产业增加值和GDP的比重，在2008年以前一直处在波动之中。虽波动幅度不大，但其比重值较低。这说明，在2004—2008年，山西金融对当地经济的支持作用不够稳定，且作用微弱。与2008年相比，2009年山西金融业增加值占第三产业增加值的比重由8.01%快速上涨到12.53%，涨幅达到56.4%。其占GDP的比重更是由2.73%迅速上涨到4.91%，涨幅高达79.9%，这与2008年次贷危机发生后，国家及山西省政府通过金融业增大资金投放力度有较大关系。2009 年之后，山西金融业增加值占第三产业增加值和 GDP 的比重基本呈现稳步增加的发展趋势。这表明，近几年，山西金融业对当地经济发展的支持作用越来越明显，同时也反映出山西金融业在国民经济中的地位变得越来越重要。但从与全国比较的视角来看，2014 年山西金融业增加值占 GDP 的比重为 7.03%，略低于全国平均水平 7.32%。这说明，相对全国来说，山西金融业的发展还比较落后，其对经济的促进作用还有待提升。

5.1.2　山西银行业发展状况分析

随着经济的发展，山西的金融体系也逐渐完善，形成了政策性商业银行、国有大型商业银行、股份制银行、城市商业银行和农村信用社等多样化的金融机构。如表 5-2 所示，截至 2014 年，山西银行业法人机构达到 172 个，各营业网点机构为 5793 个，从业人员 110 456 人，资产总额 33 068.6 亿元。多样化的金融机构为山西各产业的发展提供了多元化的金融服务，使金融市场的功能更加完善，竞争机制逐步形成，金融机构的服务质量有了大的提高，使银行体系对经济发展的作用越发重要。

表 5-2　2014 年山西银行业金融机构情况统计表❶

机构类别	营业网点			法人机构（个）
	机构个数（个）	从业人数（人）	资产总额（亿元）	
一、大型商业银行	1721	47148	12925.3	0

❶ 营业网点不包括国家开发银行和政策性银行、大型商业银行、股份制银行等金融机构总部数据；大型商业银行包括中国工商银行、中国农业银行、中国银行、中国建设银行和交通银行；小型农村金融机构包括农村商业银行、农村合作银行和农村信用社；新型农村金融机构包括村镇银行、贷款公司和农村资金互助社；"其他"包含金融租赁公司、汽车金融公司、货币经纪公司、消费金融公司等。

续表

机构类别	营业网点			法人机构（个）
	机构个数（个）	从业人数（人）	资产总额（亿元）	
二、国家开发银行和政策性银行	83	1940	2278.7	0
三、股份制商业银行	270	7688	4376.8	0
四、城市商业银行	244	7746	2688.5	6
五、小型农村金融机构	3153	36810	7816.4	114
六、财务公司	8	286	683.8	6
七、信托公司	1	174	20.9	1
八、邮政储蓄	253	6794	2031.3	0
九、外资银行	2	53	28.9	0
十、新型农村金融机构	57	1776	198.0	44
十一、其他	1	41	19.9	1
合计	5793	110456	33068.6	172

资料来源：《2014年山西省金融运行报告》。

总体上看，2014年山西银行业稳健运行，货币信贷平稳适度增长。《2014年山西省金融运行报告》显示：（1）2014年山西银行业金融机构资产总额达到33 068.6亿元，同比增长3.44%，实现利润327.7亿元。银行业金融机构个数和从业人员稳步增加，全年新设村镇银行9家，实现了全省11个城市的"全覆盖"。（2）金融机构本外币各项存款余额26 942.9亿元，同比增长2.57%，全年新增675.5亿元；各项贷款余额16 559.4亿元，同比增长10.21%，全年新增贷款1487.9亿元。（3）在资产质量方面，银行业不良贷款有所上升，行业风险有所暴露。2014年，受经济运行下行、企业经营压力加大影响，山西银行业不良贷款率小幅反弹，达到4.58%，同比上升0.13个百分点。煤炭、钢铁等行业整体效益下滑，个别企业出现了流动性紧张、债务违约风险加大的情况。

在经济相对落后的山西，作为间接金融最重要主体的银行资产，在促进区域经济发展、区域产业结构优化过程中处于非常关键的地位，起着很重要的作用。反映银行对区域经济渗透程度大小的一个重要指标就是银行深度。从计算公式来看，银行深度＝（地区金融机构存款＋地区金融机构贷款）/国民生产总值。由于国民生产总值的统计难度相对较大，在具体计量中一般用国内生产总值来替代。

表 5-3　2001—2014 年山西金融机构人民币存贷款情况统计表

年份	各项存款总额（亿元）	各项贷款总额（亿元）	存贷款总和（亿元）	GDP（亿元）	银行深度
2001	3090.7	2408.4	5499.1	2055.4	2.68
2002	3708.7	2903.2	6611.9	2360.1	2.80
2003	4681.5	3552.3	8233.8	2899.6	2.84
2004	5811.7	4016.1	9827.8	3636.3	2.70
2005	7088.7	4229.0	11317.7	4299.8	2.63
2006	8577.5	4788.5	13366.0	4960.0	2.69
2007	10041.8	5394.5	15436.3	6125.8	2.52
2008	12766.7	5960.3	18727.0	7427.1	2.52
2009	15698.5	7814.7	23513.2	7356.4	3.20
2010	18575.7	9634.3	28210.0	9188.8	3.07
2011	20920.4	11169.4	32089.8	11214.2	2.86
2012	24050.6	13106.2	37156.6	12126.6	3.06
2013	26105.3	14887.5	40992.9	12665.3	3.24
2014	26779.5	16432.7	43212.2	12761.5	3.39

数据来源：根据 2015 年《山西统计年鉴》中相关数据整理、计算所得。

表 5-3 中数据显示：2001 年以来，山西金融机构人民币各项存款和贷款总额以及 GDP 总量逐年稳定增加。而 2001—2014 年，山西银行深度一直

处在波动之中，但基本维持在 3 左右，长期看呈上升趋势，从 2001 年的 2.68 上升到 2014 年的 3.39。尤其是在 2008 年之后，银行深度有一个显著上升，这和 2008 年的次贷危机发生后，我国通过银行渠道增大资金投放力度有较大关系。银行深度指标变动趋势说明，2001—2014 年，山西银行资产得到了较大发展，银行资产对山西经济的渗透程度不断增强。

5.1.3 山西证券业发展状况分析

资本市场作为企业最重要的直接融资渠道，一方面能够减少现实中存在的信息不对称问题，使企业融资条件得到改善，融资成本得到有效降低；另一方面，作为间接融资的有效补充，资本市场能够为企业投资规模的扩大创造有利条件，对促进区域经济发展具有重要作用。下面将从山西证券机构发展、市场交易情况、上市公司数量、股票发行量、股票筹资额、股票总市值以及证券化率等方面，对山西证券业的发展状况进行分析。

总体上看，山西证券机构经营稳健、市场交投活跃。截至 2014 年年末，法人证券、期货公司资产总额分别达 273.7 亿元和 23.2 亿元，同比增长 72.99%、52.87%。受益于证券市场繁荣，证券公司利润同比增长 95.47%。投资者开户及投资活跃，2014 年末，证券、期货投资者开户数分别为 173.9 万户和 5.6 万户，同比增长 5.61% 和 9.68%。融资融券业务较同期增长 3 倍。市场交易放量增长，全年累计代理证券、期货交易额 14 943.2 亿元和 46 495.4 亿元，同比增长 41.29% 和 6.41%。至 2014 年年末，山西境内共有 A 股上市公司 35 家，新增 1 家；总股本 562.5 亿股，总市值 5624.1 亿元。上市公司实现多渠道融资：A 股市场募集资金 57.8 亿元，短期融资券等银行间市场融资工具融资 311.3 亿元。5 家上市公司并购重组累计获批 122.8 亿元。新三板市场实现突破，全年 4 家企业挂牌，见表 5-4。

表 5-4　2014 年山西证券业基本情况统计表

项目	数量
总部设在辖内的证券公司数（家）	2
总部设在辖内的基金公司数（家）	0
总部设在辖内的期货公司数（家）	4
年末国内上市公司数（家）	35
当年国内股票（A 股）筹资（亿元）	22.8
当年发行 H 股筹资（亿元）	0.0
当年国内债券筹资（亿元）	1421.1
其中：短期融资券筹资额（亿元）	253.0
中期票据筹资额（亿元）	156.0

资料来源：《2014 年山西省金融运行报告》。

随着债券市场的发展和股票市场的建立，融资渠道的多元化促进了资本市场的发展，极大地提高了企业的筹资效率，使企业能够获得长期的投资资金。但鉴于山西资本市场发展过程中债券市场的比重较低，下面将采用股票市场的发展指标来研究山西证券业发展对产业结构优化的作用。

从表 5-5 可以看出，自 1993 年以来，山西上市公司数量逐年增加，从 1993 年仅有的 1 家上市公司增加到 2014 年的 35 家。但与全国相比，2014 年山西上市公司数量仅占全国（2613 家）的 1.34%。这表明，相对全国来讲，山西上市公司数量较少，还有待大力发展。1993—2014 年，山西股票总发行股本从 3.8 亿股增加到 562.5 亿股，股票发行量从 0.5 亿股上升到 153.4 亿股，股票筹资额从 1.8 亿元增长到 1045.1 亿股。山西股票市场的筹资额逐年增长，资金规模日益增长，丰富了企业的融资渠道，解决了很多企业发展的融资困难问题。

表 5-5　1993—2014 年山西股票市场基本情况统计表

年份	境内上市公司（家）	股票总发行股本（亿股）	股票发行量（亿股）	股票筹资额（亿元）
1993	1	3.8	0.5	1.8
1994	1	3.8	0.5	1.8
1995	1	3.8	0.5	1.8
1996	5	11.5	3.4	9.5
1997	9	20.1	5.3	20.7
1998	13	35.1	10.6	43.7
1999	13	45.3	10.8	45.3
2000	17	66.4	20.6	109.3
2001	18	71.4	22.9	123.5
2002	19	73.3	24.0	130.7
2003	21	80.9	26.8	150.6
2004	22	90.8	27.2	153.1
2005	22	90.8	27.2	153.1
2006	25	257.0	76.2	403.6
2007	26	273.5	80.8	438.7
2008	27	334.4	85.1	486.9
2009	28	348.4	87.4	505.1
2010	31	431.4	112.0	841.2
2011	34	462.4	112.9	863.8
2012	34	498.3	131.5	916.9
2013	34	526.9	151.5	987.3
2014	35	562.5	153.4	1045.1

数据来源：根据 2012 年和 2015 年《山西统计年鉴》中相关数据整理所得。

衡量区域资本市场发展水平高低的指标有多种，证券化率是其中的重要指标之一。这里的证券化率等于区域内各类证券总市值与国内生产总值的比值。在现实中，人们常用股票总市值作为各类证券总市值的替代指标。

一个区域内的证券化率越高，表明证券市场对该区域经济发展越具有重要性。

表 5-6　2009—2013 年山西和全国证券化率对比一览表

年份	山西			全国			山西股票总市值占全国的比重（%）
	股票总市值（亿元）	GDP（亿元）	证券化率	股票总市值（亿元）	GDP（亿元）	证券化率	
2009	5918.2	7358.3	0.80	243939	340902.8	0.72	2.43
2010	6249.2	9200.9	0.68	265423	401512.8	0.66	2.35
2011	4590.3	11237.6	0.41	214758	473104.0	0.45	2.14
2012	4502.9	12112.8	0.37	230358	519470.1	0.44	1.95
2013	3633.6	12602.2	0.29	239077	568845.2	0.42	1.52

数据来源：根据 2014 年《山西统计年鉴》、2014 年《中国金融统计年鉴》和历年《中国统计年鉴》中相关数据整理、计算所得。

根据表 5-6 中的数据，纵向来看，2009—2013 年，山西股票总市值呈先增后降的发展态势，2010 年之后一直呈下降趋势，而同期全国股票总市值也在波动之中下降，此外，山西和全国的证券化率亦表现出下降状态。这是因为，随着美国次贷危机引起全球金融危机的爆发，国内股市受到影响，证券化率开始迅速下降，并处于不断波动状态中。根据表 5-6 中的数据横向对比，山西证券化率的变动情况与全国证券化率整体变动趋势基本一致，但其整体水平相对较低，尤其 2011 年之后，山西证券化率一直低于全国平均水平。同时，2009—2013 年，山西股票总市值占全国的比重仅维持在 2% 左右，并且其比重一直呈现下降的发展趋势，到 2013 年，山西股票总市值占全国的比重只有 1.52%，这不仅说明山西证券市场发展还处于较低层次，而且其发展态势不容乐观。

综上所述，笔者认为，山西证券业的发展有喜有忧。喜的是山西证券机构经营稳健、股票市场筹资额逐年增长，丰富了企业的融资渠道，并形成了一些股权结构良好，经营业绩良好的上市公司，为山西经济发展和产业结构优化提供了有力的条件。而忧则在于，与全国对比，山西股票总市值占全国的比重及其证券化率都很低，这说明山西证券市场的发展还处于较低层次，对产业结构优化和经济的促进作用还比较弱。

5.1.4 山西保险业发展状况分析

作为金融市场的重要组成部分，保险市场在促进区域经济发展、分散金融市场风险等方面都发挥重要作用。从总体上看，保险业一方面能为社会经济发展提供有效的风险保障机制；另一方面，能以保险基金的形式为金融市场提供大量货币资金。

随着经济的增长，山西保险市场有了较大发展。2014 年，山西省金融运行报告显示，截至 2014 年年末，总部设在山西的保险公司有 1 家，保险公司分支机构达到 46 家。其中，财产险公司分支机构达到 24 家，人身险公司分支机构达到 22 家。山西保险业总资产达到 1038.9 亿元，同比增长 8.64%，从业人员 14.4 万余人。2014 年，山西保险业累计实现保费收入 465.4 亿元，同比增长 12.85%。赔款和给付支出 182.5 亿元，同比增长 7.77%。农业保险承保金额及保费收入同比分别增长 400% 和 21.37%。社会保障能力继续提升。

表 5-7　2014 年山西保险业基本情况统计表

项目	数量
总部设在辖内的保险公司数（家）	1
其中，财产险经营主体（家）	1
人身险经营主体（家）	0
保险公司分支机构（家）	46
其中，财产险公司分支机构（家）	24
人身险公司分支机构（家）	22

续表

项目	数量
保费收入（中外资，亿元）	465.4
其中，财产险保费收入（中外资，亿元）	162.8
人身险保费收入（中外资，亿元）	302.6
各类赔款给付（中外资，亿元）	182.5
保险密度（元/人）	1275.7
保险深度（%）	3.7

资料来源：《2014 年山西省金融运行报告》。

　　进入 21 世纪的十几年来，山西保费收入增长较快。表 5-8 中数字显示，2001 年以来，山西保费收入逐年增加。2001 年山西保费收入仅为 37.4 亿元，到 2014 年，其保费收入就达到 465.4 亿元，增长了 12.4 倍，增长迅速。而在同期，全国的保费收入从 2001 年的 2109 亿元❶增长到 2014 年的 20 234.8 亿元，增长了 9.6 倍。由此可见，2001—2014 年，山西保费收入的增长速度高于全国。从保费收入增长率看，2001—2003 年，山西保费收入增长迅猛，其中 2002 年其增长率高达 85.7%。2004 年之后，虽然其增长率有所下滑，但仍达到 15% 以上。2011 年之后，山西保费收入虽仍在增加，但增速缓慢，这与山西近几年较慢的经济增长速度不无关系。

　　除保费收入和保费收入增长率可以反映一个区域保险资产发展水平外，衡量一个区域保险资产发展水平高低的重要指标，还有保险深度和保险密度。其中，保险深度=保费收入/国内生产总值，是保险业在区域国民经济中地位高低的体现。保险密度等于人均保费收入，是区域保险业发展平均水平的体现。如表 5-8 所示，从保险深度看，山西从 2001 年的 1.84% 逐渐增长到 2014 年的 3.70%，增长了 2.01 倍。而在同期，全国的保险深度从 1.91% 增长到 3.18%，增长了 1.66 倍。可见，2001—2014 年，山西保险深

❶　数据来自《中华人民共和国 2001 年国民经济和社会发展统计公报》。

度的增长速度高于全国平均水平，并且 2014 年山西的保险深度亦高于全国。
从保险密度来看，2001—2014 年，山西的保险密度从人均 114.3 元上升到
人均 1275.7 元，上升了 11.16 倍。而同期，全国则从人均 165.3 元上升到
人均 1479.2 元，上升了 8.95 倍。由此可见，山西的保险密度增长速度也高
于全国平均水平。但从绝对值上看，截至 2014 年，山西保险密度比全国平
均水平低，说明山西保险业发展水平还较低，发展相对滞后。

表 5-8　2001—2014 年山西保险业发展情况统计表

年份	保险公司保费收入（亿元）	保险公司赔款及给付（亿元）	保费收入增长率（%）	保险密度（元/人）	保险深度（%）
2001	37.4	10.4	32.1	114.3	1.84
2002	69.5	12.1	85.7	210.9	2.99
2003	90.5	15.7	30.3	273.1	3.17
2004	104.1	19.7	15.1	312.3	2.92
2005	121.8	20.1	17.0	363.0	2.88
2006	141.0	25.3	15.7	417.8	2.89
2007	180.4	52.5	27.9	531.6	2.99
2008	260.9	73.6	44.6	764.9	3.57
2009	289.2	78.5	10.9	843.9	3.93
2010	365.3	79.9	26.3	1022.1	3.97
2011	364.7	103.5	-0.2	1014.9	3.25
2012	384.6	119.3	5.5	1065.3	3.18
2013	412.4	169.3	7.2	1136.1	3.27
2014	465.4	182.5	12.9	1275.7	3.70

　　数据来源：根据 2002—2015 年《山西统计年鉴》中相关数据整理、计算所得。

5.2　金融支持山西产业结构优化现状分析

近些年来，在国家"中部崛起"的大背景下，山西经济发展取得了突出的成就。农业、工业和服务业都有了长足的发展，但在三大产业发展过程中，产业结构失衡的问题逐渐显露出来，主要表现为以重工业为主导的第二产业占比过高，而第一产业占比过小，第三产业发展比较缓慢。这不仅会影响山西经济的持续增长和产业结构优化，而且长期看还会导致经济结构失衡，抗风险能力差，经济环境脆弱，可持续发展能力受到影响。山西金融市场中无论是在金融市场规模、金融结构水平，还是在金融体系效率方面都存在不利于产业结构优化的因素，山西金融在促进产业结构优化方面也还存在许多问题。下面将从信贷市场、金融市场的资金利用效率和资本市场角度来分析山西金融市场对产业结构优化的影响。

5.2.1　信贷市场对产业结构优化的影响

在我国金融体系中，银行是最重要的金融机构，其信贷政策对于地区产业的转型发展起着至关重要的作用。长期以来，商业银行的贷款投向偏向于有政府背景的国有大型企业或者有国企担保的其他企业，而对中小企业的信贷支持则较少。这种偏向致使中小企业发展缺乏必要的资金支持，出现经营困难状态，而这不利于产业结构优化。当前，经济中出现了产能过剩现象，主要集中在钢铁、水泥和煤炭等资源型行业。而山西作为全国的重工业基地，煤炭、钢铁等行业一直是经济的主导产业，山西的大型国企主要以重化工和相关行业为主。在产能过剩的经济背景下，银行的大量资金投向这些行业不仅会造成资金利用的低效率，而且还会增大银行的风险。

　　在银行金融机构的信贷资金投向方面，主要体现的是重点突出，贷款资金主要投向重点行业和支柱产业。近年来，山西投向煤炭、电力等支柱行业的贷款总和仍在大幅度增加，说明山西仍有大量资金投向产能过剩行业，而这不利于山西产业结构优化。

　　此外，在支持产业发展方面，固定资产投资投向也可以反映金融机构贷款对产业发展的支持作用。银行信贷可以通过改变固定资产投资的投向，来对产业结构优化产生直接影响。因此，下面将对山西三次产业固定资产投资构成进行分析，以说明信贷市场对产业结构优化的作用。

表 5-9　2001—2014 年山西三次产业固定资产投资和产值构成一览表

年份	三次产业固定资产投资构成（%）			三次产业产值构成（%）		
	第一产业	第二产业	第三产业	第一产业	第二产业	第三产业
2001	2.9	43.6	53.5	9.6	46.5	43.9
2002	4.0	45.3	50.8	9.9	48.1	42.1
2003	3.2	54.9	41.9	9.0	50.5	40.6
2004	2.5	58.9	38.7	9.4	52.8	37.8
2005	2.7	60.8	36.5	7.7	54.8	37.5
2006	2.8	58.0	39.2	7.2	55.6	37.2
2007	2.9	55.2	41.9	6.7	56.4	36.9
2008	3.1	51.4	45.5	5.7	57.1	37.2
2009	4.4	43.0	52.6	6.5	54.1	39.4
2010	4.4	41.4	54.2	6.0	56.6	37.3
2011	3.7	45.4	50.9	5.7	58.6	35.7
2012	4.0	45.1	50.9	5.8	54.8	39.4
2013	6.4	41.6	52.0	5.9	52.2	41.9
2014	7.7	40.5	51.8	6.2	49.3	44.5

数据来源：根据 2015 年《山西统计年鉴》中相关数据整理、计算所得。

表 5-9 中数据显示，山西第一产业固定资产投资额占全社会固定资产投资总额的比重呈现出在波动中上升的发展态势，而第一产业产值占山西总产值的比重却表现出下降趋势，说明信贷市场对第一产业的支持力度在增强，但是效率不高。第二产业固定资产投资额占全社会固定资产投资总额的比重呈先增后降再增的发展势头。其中，2006 年和 2011 年是两个转折点。这说明在 2006—2010 年，山西信贷市场对第二产业的支持作用在减弱，但 2011 年之后，信贷市场对第二产业的支持作用又增强了。第三产业固定资产投资额占全社会固定资产投资总额的比重则表现出与第二产业相反的状态，呈现先降后升再降的趋势。且在 2009 年之后，其比重值一直在 50% 以上这表明，信贷市场增强了对第三产业的支持，但第三产业创造的产值却有待进一步提高。

5.2.2　金融效率对产业结构优化的影响

金融的作用在于实现资金在供需双方的融通，也就是吸收社会闲置资金形成储蓄存款，然后为投资者提供资金支持。储蓄向投资的转化效率能够反映一个地区金融体系的效率，是衡量一个地区金融制度优劣的重要标准。存贷比是集中反映储蓄向投资转化效率的指标，反映了金融效率的高低，其计算公式为：存贷比=各项贷款总额/各项存款总额。

表 5-10　2001—2014 年山西金融机构人民币存贷款情况及存贷比一览表

单位：亿元

年份	各项存款总额	各项贷款总额	存贷比	年份	各项存款总额	各项贷款总额	存贷比
2001	3090.7	2408.4	0.78	2008	12766.7	5960.3	0.47
2002	3708.7	2903.2	0.78	2009	15698.5	7814.7	0.50
2003	4681.5	3552.3	0.76	2010	18575.7	9634.3	0.52

续表

年份	各项存款总额	各项贷款总额	存贷比	年份	各项存款总额	各项贷款总额	存贷比
2004	5811.7	4016.1	0.69	2011	20920.4	11169.4	0.53
2005	7088.7	4229.0	0.60	2012	24050.6	13106.2	0.54
2006	8577.5	4788.5	0.56	2013	26105.3	14887.5	0.57
2007	10041.8	5394.5	0.54	2014	26779.5	16432.7	0.61

数据来源：根据 2015 年《山西统计年鉴》中相关数据整理、计算所得。

表 5-10 中数据显示，自 2001 年，山西金融机构人民币存贷比逐年下降，到 2008 年达到 0.47，2009 年以后又出现了逐年上升的发展趋势，但与全国相比，却始终低于全国平均水平。其主要原因，一方面是因为山西的资本市场起步晚，金融市场主要由银行为主的金融机构构成。如果银行资产运作水平不高，就会造成存款积压，导致资金不能得到充分而合理的利用。另一方面则是由我国的国情决定的，我国由于居民收入近年来增长较快，而社会保障水平低，导致居民的储蓄意愿高，储蓄存款增长速度快。而当经济出现波动时，银行就会出现惜贷现象，使贷款数量出现下降，使储蓄转化为投资的效率低下，不利于金融的发展。这种情形导致金融效率低下，金融市场的资金得不到优化配置，造成金融资源的浪费，而第一产业和服务业的发展缺乏必要的资金支持，在一定程度上影响了产业的发展和结构的优化。

山西经济的增长长期以来依靠重工业的拉动，再加上很多能源产业经营方式粗放，环境污染比较严重，产业发展和经济增长的质量低下，这就导致金融资源的利用率低下，影响产业结构的优化。2014 年，山西全年全社会固定资产投资达 12 354.5 亿元。其中，固定资产投资（不含跨省、农户）11 977.0亿元，增长 11.5%。对比经济增长速度来讲，投资规模过大，已经造成了一定程度的产能过剩。产业结构的失衡不仅不利于山西经济的稳定增长，还会带来一系列的社会和环境等问题，最终影响山西经济的持续健康发展。所以金融市场主体应该适应经济转型的需要，把目标转向支持广大的中小企业和第三产业的发展，充分提高资金转化率，促进产业的均衡发展。

5.2.3　资本市场对产业结构优化的影响

山西金融体系存在的另一主要问题是直接融资比重小，影响到金融和经济的发展。金融市场上的直接融资市场主要指证券市场，而证券市场主要由股票市场和债券市场组成。目前，在山西的金融市场上，直接融资市场主要是股票市场，股票市场的筹资额可以用来衡量直接融资水平。因此，下面将通过对比山西股票筹资额与金融机构人民币各项贷款总额两项指标，来说明资本市场对产业结构优化的影响。

表5-11中数据显示，2001年以来，从绝对量来看，山西股票筹资额与金融机构人民币各项贷款总额均呈现出逐年增加的发展态势。但从相对比值来看，山西股票筹资额占各项贷款总额的比重却一直在波动，不够稳定。并且2011年之后，这一比值出现了逐年下降的发展趋势。这说明直接融资对山西产业结构优化和经济发展的作用越来越弱。截止2014年年末，山西金融机构人民币贷款总额为16 432.7亿元，股票筹资额为1045.1亿元，仅占人民币贷款总额的6.4%。由此可以看出，目前，山西的融资主要以银行信贷为主，直接融资的功能没有被发挥出来。这一方面不利于金融资源的有效利用，影响山西经济结构的转型和产业结构的优化。另一方面过多的闲置资金流入到银行系统，导致投资渠道单一，银行系统承担了过大的金融风险，不利于经济的长期平稳运行。

表5-11　2001—2014年山西股票筹资额与金融机构人民币各项贷款总额对比

单位：亿元

年份	股票筹资额	各项贷款总额	股票筹资额/贷款总额（％）
2001	123.5	2408.4	5.1
2002	130.7	2903.2	4.5
2003	150.6	3552.3	4.2
2004	153.1	4016.1	3.8
2005	153.1	4229.0	3.6
2006	403.6	4788.5	8.4
2007	438.7	5394.5	8.1
2008	486.9	5960.3	8.2
2009	505.1	7814.7	6.5
2010	841.2	9634.3	8.7
2011	863.8	11169.4	7.7
2012	916.9	13106.2	7.0
2013	987.3	14887.5	6.6
2014	1045.1	16432.7	6.4

数据来源：根据2002—2015年《山西统计年鉴》中相关数据整理、计算所得。

截止到2015年6月30日，山西A股上市公司数量增至37家。其中，主板、中小板、创业板上市公司数量分别为30家、4家和3家。从上市公司的产业分布来看，这37家上市公司分别涉及采矿业、制造业、商贸和金融等行业，各上市公司通过资本市场所募集的资金，极大地促进了其所从事的产业经济的发展，见表5-12所示。

表5-12　山西上市公司行业分布一览表

序号	股票代码	股票简称	公司中文名称	所属行业
1	000403	ST生化	振兴生化股份有限公司	医药制造业

续表

序号	股票代码	股票简称	公司中文名称	所属行业
2	000673	当代东方	当代东方投资股份有限公司	文化传播
3	000723	美锦能源	山西美锦能源股份有限公司	电气机械及器材制造业
4	000737	南风化工	南风化工集团股份有限公司	化学原料和化学制品制造业
5	000755	*ST三维	山西三维集团股份有限公司	化学原料和化学制品制造业
6	000767	漳泽电力	山西漳泽电力股份有限公司	水电煤气
7	000795	太原刚玉❶	太原双塔刚玉股份有限公司	非金属矿物制品业
8	000825	太钢不锈	山西太钢不锈钢股份有限公司	黑色金属冶炼及压延加工业
9	000831	五矿稀土	五矿稀土股份有限公司	有色金属冶炼和压延加工业
10	000968	煤 气 化	太原煤气化股份有限公司	煤炭开采和洗选业
11	000983	西山煤电	山西西山煤电股份有限公司	煤炭开采和洗选业
12	002360	同德化工	山西同德化工股份有限公司	化学原料和化学制品制造业
13	002500	山西证券	山西证券股份有限公司	金融业
14	002640	百圆裤业❷	山西百圆裤业连锁经营股份有限公司	批发零售
15	300158	振东制药	山西振东制药股份有限公司	医药制造业
16	300254	仟源医药	山西仟源医药集团股份有限公司	医药制造业
17	600123	兰花科创	山西兰花科技创业股份有限公司	煤化工
18	600157	永泰能源	永泰能源股份有限公司	煤炭开采和洗选业
19	600169	太原重工	太原重工股份有限公司	重型机械制造业
20	600234	山水文化	山西广和山水文化传播股份有限公司	文化传播

❶ 太原刚玉2016年3月4日公告称，经公司申请，并经深交所核准，公司自2016年3月7日起启用新的证券简称"英洛华"，公司名称由"太原双塔刚玉股份有限公司"变更为"英洛华科技股份有限公司"。

❷ 百圆裤业2015年6月12日公告称，经公司申请，并经深交所核准，公司证券简称即日起由"百圆裤业"变更为"跨境通"，公司名称由"山西百圆裤业连锁经营股份有限公司"变更为"跨境通宝电子商务股份有限公司"。

续表

序号	股票代码	股票简称	公司中文名称	所属行业
21	600281	太化股份	太原化工股份有限公司	化学原料和化学制品制造业
22	600348	阳泉煤业	阳泉煤业（集团）股份有限公司	煤炭开采和洗选业
23	600351	亚宝药业	亚宝药业集团股份有限公司	医药制造业
24	600392	盛和资源	盛和资源控股股份有限公司	有色金属冶炼和压延加工业
25	600408	安泰集团	山西安泰集团股份有限公司	煤炭开采和洗选业
26	600495	晋西车轴	晋西车轴股份有限公司	铁路、船舶等运输设备制造业
27	600539	狮头股份	太原狮头水泥股份有限公司	非金属矿物制品业
28	600546	山煤国际	山煤国际能源集团股份有限公司	煤炭能源、制造、金融投资
29	600740	山西焦化	山西焦化股份有限公司	煤炭开采和洗选业
30	600780	通宝能源	山西通宝能源股份有限公司	水电煤气
31	600809	山西汾酒	山西杏花村汾酒厂股份有限公司	批发零售
32	601001	大同煤业	大同煤业股份有限公司	煤炭开采和洗选业
33	601006	大秦铁路	大秦铁路股份有限公司	铁路运输业
34	601699	潞安环能	山西潞安环保能源开发股份有限公司	煤炭开采和洗选业
35	002753	永东股份	山西永东化工股份有限公司	煤化工
36	300486	东杰智能	山西东杰智能物流装备股份有限公司	通用设备制造业

资料来源：依据国民经济行业分类（GB/T 4754-2011），并通过查找中国上市公司网 http：//www.ipo123.cn/html/shxssgs.html. 上的资料进行整理所得。

从表 5-12 可以看到，山西资本市场中的企业主要分布在钢铁、煤炭、水泥、化工、煤气化、有色金属等行业。在消费行业，只有山西汾酒、亚宝药业等少数几家企业。从上文的分析中可以了解到，山西的股票市场筹资额占金融机构贷款额的比重小，资本市场支持产业发展的能力弱，只有少数企业能够筹集经营资金，无法满足产业和经济发展的需要。另外，资本市场的结构也不合理，从上市公司情况来看，主要集中于传统的重化工行业，缺乏高新技术行业和服务业。而高新技术行业和服务业的发展水平，是衡量一个国家或地区产业结构高度和经济发展水平的重要指标。此外，第三产业的发展能够带动就业增长，活跃社会经济，并为经济发展带来长久的动力。由此可见，山西资本市场的结构性矛盾将影响其产业结构的优化和经济的可持续发展。

第六章 山西产业结构优化的测度
及其对经济增长的影响

6.1 引言与文献综述

产业结构调整和优化一直是经济学领域中的经典话题，也是近几年我国政府和学术界高度关注的焦点问题。加快产业结构优化升级是推进经济结构调整的重要方面，是提升国民经济整体素质的有效途径。山西作为典型的煤炭资源型省份，资源型产业结构特征明显，所面临的产业结构调整与优化问题尤为突出。以山西为代表的资源型区域的产业结构优化问题，在我国实施产业结构调整战略中占有重要地位，早在 2010 年，山西就被确定为"综改试验区"。因此，深入剖析山西产业结构的演变趋势和特征及其与经济增长的关系对实现山西转型发展，乃至实现全国产业结构优化升级，进而保持经济平稳发展都有重要意义。

一般认为，产业结构优化包括合理化和高度化两个方面。其中，产业结构合理化是其从相对不合理到相对合理的动态发展过程，主要是为了解决提高各产业之间有机联系和耦合质量的问题。而产业结构高度化则是指，产业结构由低水平，向高水平状态动态演变的过程。如何测度产业结构优化水平一直是专家学者研究的热点问题，国外学者主要采用三种研究方法。一是通过比较"标准结构"来进行测度，属于一种静态直观的比较方法。

该方法将所研究国家或地区的产业结构与"标准结构"进行比较，进而判定该国或地区的产业结构水平。库兹涅茨（S. Kuznets）、钱纳里（H. Chenery）、赛尔奎因（M. Syrguin）等学者，都曾经就相关"标准"进行过探讨。二是相对比较判别方法。这是一种动态比较判别方法，即以某一个产业结构系统作为参照系，进而来判别所研究经济体的产业结构水平。此方法的典型代表是相似判别法和距离判别法，两种方法分别以两个产业结构系统的"接近程度"和"离差程度"来对产业结构水平进行判别。三是利用经济发展所处的阶段进行判别。这一方法是根据理论和实践数据，将经济发展过程划分为若干阶段，然后根据所研究经济的特征来判定其产业结构水平。典型代表包括霍夫曼（W. Hoffmann）提出的工业化阶段学说，罗斯托（W. Rostow）提出的经济成长阶段学说，以及钱纳里等人的经济发展阶段学说等。

针对如何评判产业结构的合理性问题，学术界从多个角度进行了相关研究，代表性观点有国际基准、产业平衡基准、需求结构基准、结构效益基准等。但这些基准只是一种粗略的刻画原则，因此在评判一国或地区产业结构的合理性时，其可操作性并不强。也有一些学者尝试采用不同的指标和方法对产业结构的合理性进行定量测度，包括投入产出法（汪传旭等，2002；刘小瑜，2002）、灰色关联分析法（陈荣达等，2006）、偏离—份额分析法（胡宝剑等，2010）等。这些方法或评价角度比较单一，或数据的获取和操作方面有一定难度。干春晖等（2011）利用"泰尔指数"的构造原理，对其进行重新定义，并对中国1978—2009年产业结构的合理性进行了相关的实证研究。

关于产业结构的高度化方面，国内学者近年来也进行了积极的探索，并基于不同角度提出了多种测度方法。潘文卿等（1994）使用了结构关联矩阵来测度产业结构高度化水平，并使用该矩阵最大特征值的倒数作为测度标准。白雪梅等（1995）用其修正过的范数指标来描述地区的产业结构。

陈静等（2003）通过因子分析将第三产业占 GDP 的比重和人均 GDP 复合成"产业结构系数"，来反映产业结构优化的程度。靖学青（2005）设计了"产业结构层次系数"，并用该指标反映产业结构高度化，数值越大表明产业结构高度化水平越高。此系数的意义还在于，既可以进行不同区域之间产业结构高度化程度的横向比较，同时还可以对同一区域不同时间高度化变动状况进行纵向对比。周昌林等（2007）则从专业化分工角度构建指标"产业结构水平 H"，并利用各产业劳动生产率的平方根的加权平均值来表示，利用该指标对上海、深圳、宁波的产业结构水平进行了比较研究。刘伟等（2008）对"产业结构水平 H"进行了改造，用标准化的产业劳动生产率替换各产业劳动生产率的平方根，从而回避了劳动生产率的量纲问题，更便于比较不同国家的产业结构高度，以及判断国家或地区的工业化进程。

与此同时，产业结构优化对经济增长的影响也引起了学者们的关注。理论上，产业结构合理化和高度化会促进经济增长，那么经验研究是否支持这一结论呢？一些学者利用不同研究方法对这一问题进行了实证检验。段全英（2013）认为，产业结构合理化会对我国经济增长起到促进作用；冯江茹等（2012）利用变系数模型，探讨了我国产业结构变动对经济增长的影响，认为产业结构的优化和升级能够促进经济增长；然而干春晖等（2011）基于我国 1978—2009 年数据的实证分析结果表明，产业结构合理化对经济增长的促进作用具有较强的稳定性，而高度化则表现出较大的不确定性；付凌晖（2010）通过实证研究发现，产业结构高度化对我国经济增长的促进作用并不显著。由此看来，经验研究并没有得到关于产业结构合理化和高度化对经济增长影响的一致性结论。

毋庸置疑，上述研究成果具有重要的价值和意义，对我们认识产业结构优化与经济增长的关系有很大帮助，但在一些方面仍有继续拓展的空间。首先，已有研究侧重研究合理化或高度化一个方面，或单独研究二者之一对经济增长产生的影响，不够全面和系统。其次，现有文献大多以全国为研究对象，然而我国幅员辽阔，区域之间经济发展差异较大，不同省份的产业结构演变规律也各不相同。特别是针对山西这种典型的资源型内陆省份，探讨其产业结构优化演变规律有更重要的参考意义。最后，在研究合理化或高度化对经济增长的影响时，不同学者的结论并不相同。其原因可能包括既有研究主要采用普通最小二乘法来估计模型参数，这种方法仅考察了自变量与因变量的条件均值的关系，且会受到极端值的影响。而分位数回归方法，则可以考察经济增长在不同条件分布下的自变量影响，使得研究结论更具有现实意义。本章在借鉴和吸收国内外学者相关研究成果的基础上，对产业结构合理化和高度化的测度方法进行探讨，并定量测算山西产业结构合理化和高度化的程度，最后借助分位数回归模型研究山西产业结构优化对经济增长的影响。

6.2　山西产业结构合理度测算

产业结构合理化主要关注不同产业之间融合的质量情况，它既反映产业间的协调程度，又反映资源的有效利用程度。大多数学者采用结构偏离度对其进行衡量。干春晖等（2011）将泰尔指数作为产业结构合理度的测算指标，并将其与结构偏离度进行对比，对中国 1978—2009 年的产业结构合理度进行实证分析。泰尔指数与结构偏离度具有高度的相关性。但与结构偏离度相比，泰尔指数既考虑了各产业所占权重大小，也避免了绝对值的计算，并能有效体现结构偏离度的理论基础和经济含义，在度量产业结构合理化方面具有一定优势。因此，笔者借鉴泰尔指数的定义方法对山西产业结构合理化问题进行研究，其计算公式如下：

$$TL = \sum_{i=1}^{n} \left(\frac{Y_i}{Y}\right) \ln\left(\frac{Y_i}{L_i} \bigg/ \frac{Y}{L}\right) \tag{1}$$

（1）式中，Y 表示产值，L 为就业总人数，i 表示不同产业，n 表示产业部门数。按照古典经济学的基本假设，当处于均衡发展状态时，各个产业部门生产率水平相同。此时，$Y_i/L_i = Y/L$，从而 $TL = 0$。当经济处于非均衡状态时，TL 值不为 0，说明产业结构不合理。而且 TL 值越大，表明经济越偏离均衡状态，产业结构越不合理。

选取 1978—2014 年山西省的国内生产总值、总就业人数，以及第一产业、第二产业和第三产业的总产值和就业人数，将相应数据代入（1）式，计算出不同年份的 Y_i/Y、$\ln\left(\dfrac{Y_i}{L_i}\bigg/\dfrac{Y}{L}\right)$ 和产业结构合理度，计算结果及变动趋势分别见表 6-1 和图 6-1。

表 6-1　1978—2014 年山西产业结构合理度一览表

年份	$\dfrac{Y_1}{Y}$	$\dfrac{Y_2}{Y}$	$\dfrac{Y_3}{Y}$	$\ln\left(\dfrac{Y_1}{L_1}\bigg/\dfrac{Y}{L}\right)$	$\ln\left(\dfrac{Y_2}{L_2}\bigg/\dfrac{Y}{L}\right)$	$\ln\left(\dfrac{Y_3}{L_3}\bigg/\dfrac{Y}{L}\right)$	产业结构合理度 TL
1978	0.207	0.585	0.208	−1.146	1.095	0.305	0.467
1979	0.213	0.589	0.198	−1.064	0.969	0.214	0.387
1980	0.190	0.584	0.226	−1.168	0.854	0.471	0.384
1981	0.256	0.530	0.215	−0.851	0.856	0.200	0.278
1982	0.268	0.505	0.227	−0.813	0.800	0.298	0.254
1983	0.244	0.532	0.224	−0.939	0.894	0.343	0.324
1984	0.234	0.522	0.243	−0.760	0.527	0.244	0.157
1985	0.193	0.548	0.259	−0.950	0.628	0.217	0.217
1986	0.161	0.545	0.293	−1.106	0.593	0.327	0.241
1987	0.152	0.536	0.312	−1.140	0.570	0.341	0.239
1988	0.153	0.516	0.331	−1.123	0.529	0.385	0.228
1989	0.169	0.502	0.329	−1.034	0.527	0.370	0.211
1990	0.188	0.489	0.322	−0.947	0.512	0.376	0.193
1991	0.147	0.504	0.349	−1.190	0.542	0.442	0.253
1992	0.150	0.490	0.359	−1.137	0.497	0.435	0.229

年份	$\dfrac{Y_1}{Y}$	$\dfrac{Y_2}{Y}$	$\dfrac{Y_3}{Y}$	$\ln\left(\dfrac{Y_1}{L_1}\Big/\dfrac{Y}{L}\right)$	$\ln\left(\dfrac{Y_2}{L_2}\Big/\dfrac{Y}{L}\right)$	$\ln\left(\dfrac{Y_3}{L_3}\Big/\dfrac{Y}{L}\right)$	产业结构合理度 TL
1993	0.143	0.492	0.365	−1.177	0.467	0.472	0.234
1994	0.150	0.480	0.370	−1.109	0.427	0.465	0.211
1995	0.157	0.460	0.384	−1.047	0.407	0.439	0.191
1996	0.153	0.465	0.382	−1.065	0.433	0.409	0.194
1997	0.130	0.479	0.391	−1.196	0.518	0.317	0.217
1998	0.129	0.473	0.399	−1.254	0.593	0.326	0.249
1999	0.096	0.471	0.433	−1.566	0.620	0.411	0.320
2000	0.097	0.465	0.437	−1.567	0.624	0.432	0.327
2001	0.084	0.471	0.445	−1.716	0.653	0.442	0.359
2002	0.085	0.488	0.427	−1.704	0.689	0.396	0.360
2003	0.075	0.513	0.412	−1.771	0.737	0.278	0.359
2004	0.077	0.537	0.385	−1.733	0.748	0.223	0.354
2005	0.063	0.563	0.374	−1.935	0.768	0.208	0.388
2006	0.051	0.583	0.366	−2.121	0.791	0.159	0.412
2007	0.047	0.600	0.353	−2.171	0.809	0.097	0.417
2008	0.072	0.592	0.336	−1.734	0.790	−0.026	0.335
2009	0.065	0.543	0.392	−1.792	0.723	0.123	0.324
2010	0.060	0.569	0.371	−1.838	0.773	0.033	0.341
2011	0.057	0.590	0.352	−1.878	0.786	−0.014	0.352
2012	0.058	0.579	0.364	−1.852	0.772	−0.004	0.310
2013	0.058	0.522	0.419	−1.797	0.618	0.137	0.275
2014	0.062	0.493	0.445	−1.749	0.598	0.176	0.265

资料来源：原始数据来自 1978—2014 年《山西统计年鉴》，表中数据经笔者计算得出。

图 6-1 1978—2014 年山西产业结构合理度变动趋势

如表 6-1 和图 6-1 所示，总体来看，山西产业结构的合理度不高且波动较大，呈现一定的阶段性特征。1978—1984 年，产业结构合理度数值大幅度下降，由 0.467 降到了 0.157，表明产业结构日趋合理；1985—1995年，产业结构合理度数值波动较大，但其绝对水平值比较小，表明产业结构与 1983 年之前相比更为合理；1996—2007 年，产业结构合理度数值逐步增大，由 0.194 增加到了 0.417，又回到了改革开放初的水平，表明产业结构越来越不合理；2008 年，合理度数值迅速下降，由 2007 年的 0.417 降到了 0.335，表明与 2007 年相比合理性增强；但 2008—2014 年，合理度数值稳定在 0.340 左右徘徊，其数值偏大，表明产业结构不够合理。

分产业来看，山西三次产业的劳动生产率水平及其变动情况各不相同。如表 6-1 中第五列数字显示，第一产业劳动生产率与社会平均劳动生产率之比的对数值一直为负数，表明第一产业劳动生产率一直低于社会平均劳动生产率。虽然 1978—1984 年，二者的差距略微减小，但 1984 年以后，二者的差距越来越大，这严重阻碍了产业结构合理度的提高。从第二产业劳动生产率与社会平均劳动生产率比值来看，其对数值变动比较平稳，且基本上介于 0.5~1 之间，表明其劳动生产率一直高于社会平均劳动生产率。1997 年之前，二者的差距在逐步拉大，但 1997 年以后，二者的差距开始慢慢缩小。第三产业劳动生产率与社会平均劳动生产率之比的对数值的变动呈现出波动性特征，但波动幅度并不大，而且其数值基本上在 0~0.5 之间徘徊，表明其劳动生产率有变动，但基本上也高于社会平均劳动生产率。值得注意的是，山西的高劳动生产率主要集中在了第二产业，甚至最近两年还有加剧的趋势，说明山西的经济发展依然是过度依赖第二产业，而农业和服务业发展相对落后的现状并未改变。

结合以上山西产业结构合理度的变动趋势，以及三次产业劳动生产率与社会平均劳动生产率差距的变动趋势来看，第一产业的劳动生产率偏低是形成山西产业结构不合理的主要原因之一。

6.3　山西产业结构高度测算

产业结构高度化是指产业结构由低水平向高水平演进的过程。刘伟等（2008）认为，当某地区劳动生产率较高的产业所占比例较大时，其产业结构高度才比较高。因此，将比例关系和劳动生产率的乘积作为产业结构高度的测量指标，并命名为"产业结构高度 H"。它既反映不同产业比例关系的演进，又反映劳动生产率的提高。

$$H = \sum_{i=1}^{n} v_{it} \times LP_{it} \qquad (2)$$

（2）式中，i 既可取 1、2、3，代表第一、二、三产业，也可取 1，2，$\cdots$，m，代表国民经济的 m 个部门。v_{it} 代表 t 时间产业 i 的产值在 GDP 中所占比重。LP_{it} 代表 t 时间产业 i 的劳动生产率。

为便于利用产业结构高度指标反映工业化进程和进行横向比较，将劳动生产率进行标准化处理，从而消除量纲的影响，标准化处理公式如下：

$$LP_{it}^{N} = \frac{LP_{it} - LP_{ib}}{LP_{if} - LP_{ib}} \qquad (3)$$

（3）式中，LP_{it} 是产业 i 在 t 时间的劳动生产率，且 $LP_{it} = Y_i/L_i$，即产

业 i 的产值与就业人数的比值。LP_{it}^N 是标准化的产业 i 的劳动生产率。LP_{if} 和 LP_{ib} 分别表示工业化初期和完成期产业 i 的劳动生产率。

钱纳里（1986）曾经提出标准结构模式中的人均收入 780 美元和 11697 美元，将其分别作为工业化的起点和终点。标准化的劳动生产率可以用来表示一个国家某产业在劳动生产率方面与发达国家的趋近程度，而产业结构高度则用各个产业标准化之后的劳动生产率加权平均和表示，体现了工业完成期的产业结构高度的偏差情况。具体结果如表 6-2 所示。

表 6-2　工业化进程中劳动生产率的标准

	劳动生产率 （1970 年美元）	劳动生产率 （2010 年美元）	劳动生产率 （2010 年人民币）
工业化起点：人均收入为 780 美元（2010 年美元）			
第一产业	70	390	2663
第二产业	292	1626	11102
第三产业	340	1894	12932
工业化终点：人均收入为 11697 美元（2010 年美元）			
第一产业	1442	8032	54842
第二产业	3833	21350	145776
第三产业	1344	7486	51114

资料来源：转引自刘伟，张辉，黄泽华．中国产业结构高度与工业化进程和地区差异的考察[J]．经济学动态，2008（11）．表中 2010 年美元和 2010 年人民币均经笔者计算而得。

选取 1978—2014 年山西省的总产值以及第一产业、第二产业和第三产业的产值和就业人数，将所选数据代入上述计算公式，计算出 1978—2014 年第一产业、第二产业和第三产业的 LP_{it}^N 及产业结构高度 H，计算结果见表 6-3。

表 6-3　1978—2014 年山西产业结构高度演进

年份	第一产业的 LP_{1t}^N	第二产业的 LP_{2t}^N	第三产业的 LP_{3t}^N	产业结构高度 H
1978	−0.045	−0.062	−0.306	−0.110
1979	−0.044	−0.061	−0.303	−0.105
1980	−0.045	−0.064	−0.293	−0.112
1981	−0.041	−0.062	−0.301	−0.108
1982	−0.040	−0.061	−0.292	−0.108
1983	−0.040	−0.056	−0.286	−0.104
1984	−0.035	−0.060	−0.280	−0.108
1985	−0.037	−0.056	−0.277	−0.110
1986	−0.038	−0.056	−0.267	−0.115
1987	−0.038	−0.055	−0.261	−0.117
1988	−0.035	−0.051	−0.242	−0.112
1989	−0.031	−0.046	−0.227	−0.103
1990	−0.027	−0.042	−0.213	−0.094
1991	−0.031	−0.038	−0.195	−0.092
1992	−0.026	−0.033	−0.175	−0.083
1993	−0.022	−0.024	−0.132	−0.063
1994	−0.014	−0.015	−0.093	−0.044
1995	0.000	0.002	−0.032	−0.011
1996	0.008	0.020	0.014	0.016
1997	0.007	0.042	0.019	0.028
1998	0.011	0.069	0.070	0.062
1999	−0.005	0.078	0.120	0.088
2000	0.001	0.098	0.186	0.127
2001	−0.002	0.122	0.246	0.167
2002	0.006	0.160	0.300	0.207
2003	0.012	0.219	0.333	0.251

续表

年份	第一产业的 LP_{1t}^N	第二产业的 LP_{2t}^N	第三产业的 LP_{3t}^N	产业结构高度 H
2004	0.031	0.298	0.454	0.337
2005	0.027	0.370	0.574	0.425
2006	0.021	0.428	0.618	0.477
2007	0.030	0.534	0.728	0.579
2008	0.100	0.647	0.799	0.659
2009	0.093	0.608	0.997	0.727
2010	0.115	0.795	1.139	0.882
2011	0.138	0.970	1.330	1.050
2012	0.156	0.980	1.428	1.095
2013	0.167	0.864	1.724	1.183
2014	0.177	0.842	1.802	1.228

资料来源：原始数据来自 1978—2014 年《山西统计年鉴》，表中数据经笔者计算得出。

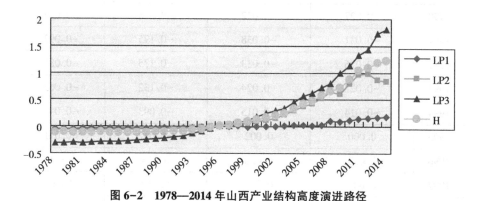

图6-2　1978—2014 年山西产业结构高度演进路径

注：LP_1、LP_2、LP_3、H 分别代表第一、二、三产业标准化的劳动生产率和产业结构高度。

从表6-3和图6-2可以清楚地看出，1978年以来，山西产业结构高度及三次产业标准化的劳动生产率的变动趋势。1996年以前，山西产业结构高度 H 一直为负。尽管第三产业的劳动生产率一直处于缓慢上升阶段，但经济总体明显处在工业化起飞前的预备阶段。1996年，山西产业结构高度

H 首次变为正数。这表明从 1996 年开始，山西才真正进入工业化时期。1996 年以后，山西产业结构高度明显提升。2000 年其高度值 H 首次超过 0.1，达到 0.127，表明山西产业发展进入一个新阶段。2004 年以后，山西产业结构高度的提升速度明显加快。经过七年的发展，2011 年高度值 H 首次超过 1，达到 1.050。参照刘伟等（2008）的研究结论，产业结构高度值超过 1，表明位于实现工业化加速阶段。根据这一判断标准，山西在 2011 年基本完成了工业化加速阶段。

从山西三次产业标准化的劳动生产率变动规律可以看出，三大产业的发展变化情况并不相同。从总体上看，第一产业的劳动生产率水平与发达经济该产业的劳动生产率相差最大，且其提升速度最慢。2008 年才首次达到 0.1，经过四年的发展后，2012 年也不过只有 0.152，这严重阻碍了产业结构高度的提升。第二产业标准化的劳动生产率数值在 1995 年以前一直为负数，表明其劳动生产率低于发达经济工业化开始时的劳动生产率。但 1995 年首次由负数变为正数后，其劳动生产率便开始稳步提高。到 2012 年时，标准化的劳动生产率数值首次超过 1，达到 1.003，表明此时第二产业的劳动生产率首次达到工业完成期的状态。而第三产业的劳动生产率水平虽然在 1982 年以前略有波动，但总体来看，其一直处于不断提高的状态，并且 1998 年以后提高的速度明显加快，有力地推动了山西产业结构高度的提升。

将山西产业结构高度及三次产业标准化的劳动生产率的变动趋势结合起来看，1996 年以后，山西产业结构高度的明显提升主要得益于第二产业和第三产业尤其是第三产业劳动生产率的提高，以及其在三大产业中所占份额的增加，而第一产业过低并且发展极其缓慢的劳动生产率水平严重阻碍了产业结构高度的提升。

6.4 山西产业结构合理化和高度化对经济增长的影响

6.4.1 模型构建及分位数回归方法

为了考察山西产业结构合理化和高度化对经济增长的影响，建立回归模型如下：

$$y_t = \beta_0 + \beta_1 TL_t + \beta_2 H_t + \mu_t \tag{4}$$

（4）式中，y_t 表示 t 年的经济增长率，TL_t 和 H_t 分别表示 t 年的产业结构合理度和高度值，μ_t 为独立同分布的随机误差项。在对回归模型进行参数估计时，常用方法是普通最小二乘法（OLS）或最小绝对偏差法（LAD）。这两种方法仅能满足条件均值，而分位数回归方法则可以对不同分位的因变量进行考察。因此，为了挖掘山西产业结构合理化和高度化对经济增长影响的更多信息，笔者使用分位数回归模型进行分析。

分位数回归方法最开始是由 Koenker and Bassett（1978）提出，该方法弥补了普通最小二乘法回归分析中的不足，利用因变量的条件分位数建模分析，从而可实现解释变量和被解释变量之间的条件分位数估计。其基本思想可以描述为：

设随机变量的分布函数记为 $F(y) = \mathrm{Prob}(Y \leq y)$ ，则 Y 的 τ 分位数即为满足 $F(y) \geq \tau$ 的最小 y 值，可表示为：

$$Q(\tau) = \inf\{y: F(y) \geq \tau\}, 0 \leq \tau < 1 \tag{5}$$

对于任意的 $0 \leq \tau < 1$，定义一个"检验函数" $\rho_\tau(\mu)$ 表示为：

$$\rho_\tau(\mu) = [\tau - I(\mu < 0)]\mu \tag{6}$$

（6）该式中 $I(z) = 0$ 为一个示性函数，z 为条件表达式。当条件为真时，

$I(z) = 1$，否则 $I(z) = 0$。参数 μ 用来反映检验函数。$\rho_\tau(\mu)$ 表示因变量 y 的样本点处于 τ 分位数以下和以上时的检验函数关系。假设分位数回归模型为：

$$y_i = x_i\beta(\tau) + \varepsilon(\tau) \tag{7}$$

分位数回归的目标函数是绝对离差的加权和，其参数估计可采用线性规划的方法进行。在实际估计过程中，可假定 $\mu = 1$，对 τ 分位数的样本分位数进行线性回归，可表示为使得以下加权误差绝对值之和最小，即：

$$\min\left\{ \sum_{i;\ y_i \geq x_i\beta(\tau)} \tau \left| y_i - x_i\beta(\tau) \right| + \sum_{i;\ y_i < x_i\beta(\tau)} (1-\tau)\,?\ \left| y_i - x_i\beta(\tau) \right| \right\} \tag{8}$$

（8）式可等价地写为

$$\min_\beta \sum \rho_\tau\left[y_i - x_i\beta(\tau) \right] \tag{9}$$

也就是，$\beta(\tau) = \operatorname*{argmin}_\beta \sum \rho_\tau\left[y_i - x_i\beta(\tau) \right]$ (10)

在线性条件下，给定 x 后，y 的 τ 分位数函数为：

$$Q(\tau \mid x) = x^{'}\beta(\tau) \tag{11}$$

随着 τ 分位数的变化，可得到不同的分位数函数。当分位数 τ 的取值从 0 变至 1 的过程中，即可得到所有因变量 y 在自变量 x 上的条件分布变动轨迹。因此，利用分位数回归方法可以更深入地考察产业结构合理化和高度化对经济增长的影响。

6.4.2　实证分析

在进行模型参数估计时，为避免虚假回归现象，首先须对各变量序列进行平稳性检验。笔者选取常用的 ADF 方法进行检验，由检验结果可知，在 5% 显著性水平下，GDP 增长率、产业结构合理化、产业结构高度化三个序列都为平稳时间序列，可以进行回归分析。采用分位数回归模型进行估计，并将结果列入表6-4。这里仅列出了较有代表性的0.1~0.9的9个分位点处的估计结果。为使结果更加直观，同时将其绘制在图6-3中。

表6-4　分位数回归模型参数估计结果

变量	分位数								
	0.1	0.2	0.3	0.4	0.5	0.6	0.7	0.8	0.9
cons	0.2101	0.1829 *	0.2210 *	0.1852 *	0.2652 *	0.2831 *	0.2452 *	0.2728 *	0.3196 *
TL	-0.4971 *	-0.3591 *	-0.4006 *	0.0439 *	-0.4343 *	-0.4310 *	-0.1589 *	-0.1589 *	-0.2766
H	-0.0235	-0.0327	0.1346	-0.0294	0.1038	0.0856	0.0462	0.0169	0.0286

其中，带 * 为在5%显著性水平下显著。

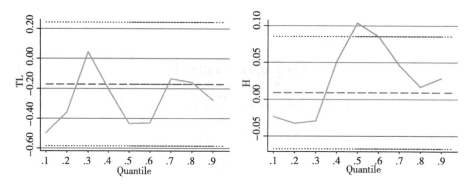

图6-3　山西产业结构合理化和高度化对经济增长影响的分位数回归系数波动图

从图6-3可以看出，合理化的系数为负值，原因在于从合理化指标的定义来看，其为逆向指标，即数值越大产业结构越不合理。因此可以得出，产业结构合理度 TL 值与经济增长负相关，表明产业结构越合理，其对经济增长越有促进作用。

同时，分位数回归的结果表明，山西产业结构合理化对经济增长的影响，除与产业结构合理性本身有关外，还与经济发展速度密切相关。当经济增长率处于较低水平时，产业结构合理化对经济增长的促进作用比较小。反过来说，就是即使存在产业结构不合理，其对经济增长的抑制作用也不会太大。当经济增长率处于相对较高的水平时，产业结构不合理会对经济增长产生明显的抑制作用。

山西产业结构高度化对经济增长的影响为正，但其影响系数不显著，这说明产业结构高度化对经济增长的推动作用不明显。但从分位数回归结果仍然可以看出，在样本期内，产业结构高度化对经济增长的影响作用呈现明显的倒 U 型分布，说明产业结构高度化对经济增长的影响作用与经济增长速度有较大关联。只有当经济增长维持在适当速度时，产业结构高度化对经济增长的影响作用才较大。而当经济增长速度过高或过低时，产业结构高度化对经济增长的影响作用会明显变小，甚至可能出现抑制效应。

6.5　结论与启示

笔者在采用"泰尔指数"和"产业结构高度 H"指标，在分别对 1978—2014 年山西产业结构的合理化和高度化水平进行测度的基础上，选取分位数回归计量模型定量分析合理化和高度化对经济增长的影响，得到以下结论。

第一，山西产业结构的合理度不高且波动较大，呈现一定的阶段性特征，其制约因素主要是第一产业劳动生产率与山西的平均劳动生产率的差距过大。

第二，1978—1996 年，山西产业结构高度化水平较低且发展缓慢，经济总体处于工业化起飞前的准备阶段。从 1996 年开始，山西才真正进入工业化时期。1996 年以后，产业结构高度明显提升。尤其是 2004 年以后，其提升速度明显加快。这主要得益于第二产业和第三产业尤其是第三产业劳动生产率的提高，以及其在三大产业中所占份额的增加。第一产业过低的劳动生产率水平，则严重阻碍了山西产业结构高度值的上升。

第三，山西产业结构合理化和高度化对经济增长的影响存在较大差异。合理化对经济增长的促进作用大于高度化，并且它们都与经济增长速度有关。经济增长率比较低时，产业结构合理化对经济增长的促进作用比较小。反过来说，就是即使存在产业结构不合理，其对经济增长的抑制作用也不会太大。当经济增长率处于相对较高的水平时，产业结构不合理对经济增长有比较大的抑制作用。山西产业结构高度化对经济增长的推动作用不明显，只有当经济增长维持在适当速度时，产业结构高度化对经济增长的影响作用才较大。而当经济增长速度过高或过低时，产业结构高度化对经济增长的影响作用会明显变小，甚至可能出现抑制效应。

山西作为典型的煤炭资源型省份，资源型产业结构特征明显，产业结构合理化水平不高。笔者结合上述实证分析结果，提出以下建议：（1）重视产业结构合理化问题，以使产业结构在合理化的基础上进一步达到更高的高度。（2）针对第一产业劳动生产率不高的问题，一方面采取以下措施转移第一产业剩余劳动力：加强边远山区基础教育，提高教育质量；积极发展专业培训，提高劳动者素质；大力发展劳动密集型服务业，吸纳低端劳动力就业。另一方面，对农产品进行深加工，提升价值；发展设施农业、循环农业、有机农业、低碳农业，实现农业现代化、产业化、生态化，大力提高第一产业生产率水平。（3）立足能源工业，延长和延伸产业链，促进工业内部结构合理化，走新型工业化道路；用循环经济的思想及途径解决资源型产业结构与产业梯度转移中的环境污染问题。（4）加快开发山西丰富的旅游资源，以新兴服务业为主导，大力发展第三产业，进一步提升第三产业所占份额，并不断提高其生产率水平，促进产业结构的合理化和高度化。

第七章　山西金融发展支持产业结构优化的实证研究

7.1　引言与文献综述

随着山西市场化进程的推进和经济发展水平的逐步提高，金融化日渐成为当前经济运行的重要形态。在经济发展过程中，产业内部结构的调整和产业结构质量的提高，都不能缺少大量的资金运作，即离不开金融的支持作用。国务院办公厅于 2013 年 7 月发布的《关于金融支持经济结构调整和转型升级的指导意见》明确指出，希望通过金融支持继续发挥资金的引导功能，以优化社会融资结构，使产业结构调整更有针对性。因此，金融发展通过规模的扩张和效率的改善，对产业结构优化起到了重要推动作用。在此过程中日益增长的金融总量，更为产业结构优化提供了有力保障。按照中国人民银行公布的数据，中国金融资产总值与 GDP 之比已由 1999 年的 2.14 上升到 2014 年的 3.42。随着中国经济发展步入新常态，规模总量的扩张步伐开始放缓，产业结构优化越来越引起学者和决策部门的重视。发达国家的经验也已经表明，金融在实现一个国家或地区的产业结构由低级向高级调整的过程中发挥着重要作用，实现产业结构优化、经济健康发展离不开金融的支持。因此，研究山西金融发展对产业结构的作用机理，对实现产业结构优化和金融自身调整都具有重要意义。金融发展对产业结构优化的作用和效果如何，既需要从理论上进行逻辑分析，也亟待利用历史数据进行实证检验。特别是作为煤炭资源大省的山西，受产能过剩、资源型产品价格下跌等因素影响，当前其经济发展面临前所未有的挑战。根据山西金融发展现状，探讨金融支持产业结构调整的路径，为山西实现产业结构优化，应对经济下行压力提供参考。

已有相关研究主要关注于金融发展对经济增长的影响，并且大量研究都表明了金融发展对经济增长的作用显著，如 Cheng et al. (2010)，谈儒勇(1999)，武志 (2010) 等学者的研究。也有部分研究开始围绕金融发展对产业结构影响问题开展，但尚未得出一致结论。如 Inkalaar and Koetter(2008) 通过对依赖于外部融资产业的研究，认为金融效率对产业发展具有明显的正向影响。Hyina and Samaniergo (2012) 通过建立一个多部门增长模型，认为金融发展通过资金流向拥有先进技术的部门，使得这些新兴产业发展带动产业结构升级。此外，包括 Carlin and Mayor (2003) 和 Binh,Park and Shin (2005) 等的研究均表明，金融发展在一定程度上促进了产业结构调整。而另一些学者则给出了相反的结论，认为金融发展对产业结构调整的影响不明显，如 Beck and Levine (2002) 和 Apergis, Antzuoulatos andTsoumas (2011) 的研究。国内对这一问题也开始从理论和实证两个层面进行了探讨。其中，理论层面主要从它们之间的作用机理进行分析。范芳志、张立军 (2003) 基于金融部门和实体经济部门资本配置最优的基础上，构建模型，探讨金融结构对产业结构升级的作用机制。顾海峰 (2010) 从直接金融和间接金融对产业结构优化调整的传导机理进行了分析。赵峥(2011) 从产业结构合理化和产业结构高级化两个方面分析了金融支持产业结构优化的机理和路径。实证研究则主要使用 Granger 因果检验及 VAR 模型等计量方法分析它们之间的作用关系。如衣庆焘等 (2013) 使用 VAR 模型分析了新疆地区金融发展对产业结构调整的影响。王喆 (2014) 则使用ADF 检验和 Granger 因果关系检验方法，研究了首都经济圈金融发展对产业结构调整的影响。以上研究对认识金融发展与产业结构调整之间的关系有很大的帮助作用，但相关认识还需进一步探讨。

7.2　金融发展影响产业结构合理化和高度化的机理分析

产业结构优化过程是资源和要素在不同产业部门之间优化配置的过程，而随着市场经济的逐步完善和货币化程度的提高，资源和要素的流动很大程度上表现为资本的重组合和再配置。在市场经济的利润导向下，可以通过资本的流动实现产业之间的优胜劣汰，使产业结构布局更加合理。因此，金融发展会通过资本的规模扩张和结构调整推动产业结构的优化升级。

金融作为现代经济的核心，金融资源是现代经济增长的关键性因素。它为储蓄向投资的转化搭建了桥梁，降低了成本，提高了储蓄—投资转化率，使资金从盈余部门转向短缺部门。在现代经济体系中，银行信贷与资本市场已经处于我国投融资结构的主导地位。金融资源的配置在很大程度上影响宏观经济运行状况和微观经济主体（主要是企业）的运行效果，在产业结构优化中发挥着重要作用。无论是发展壮大新兴产业，还是改造升级传统产业，抑或是平稳退出衰退产业，都需要健全、完善和系统的金融服务。纵观世界发达国家经济发展史，无论是英美等老牌工业化国家，还是日韩等赶超型国家，金融在其产业结构优化和经济快速发展过程中都起到了极为重要的支持作用。

前文已述，产业结构优化包括产业结构合理化和产业结构高度化两个方面。其中，产业结构合理化是产业之间协调性不断加强的过程，体现在产业部门之间的比例、速度、效益和结构等方面进一步优化。金融支持对产业结构合理化的影响可通过市场的供需两方面来实现。一方面金融市场通过对企业或部门融资方面的服务来影响市场供给，从而对产业结构产生影响；另一方面金融市场也会通过影响市场需求来反映产业布局，促进产业结构的合理化调整。产业结构的高度化过程通常是从农业到轻工业、重工业，再到高新技术工业和现代服务业的过程。在这一演化过程中，各个阶段对资金的需求或对金融的依赖程度也是逐步递进的，并且主要通过资金形成、资金导向、信用催化机制形成等影响产业结构的高度化进程。在这期间，通过产业技术进步、产业部门融合和新兴产业的发展等途径，实现产业结构高度化。可见，不管是产业结构合理化，还是产业结构高度化，都离不开金融的引导和支持。金融支持产业结构合理化和高度化机理图见图 **7-1**。

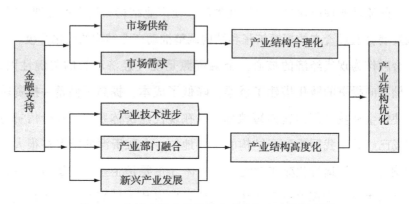

图 7-1　金融支持产业结构合理化和高度化机理图

当前，山西经济发展正由注重总量发展转变为质量和效益提升，产业则处于重化工业向新兴产业的过渡阶段。金融发展的推动，一定程度上可以起到促使传统产业转型升级的作用。通过金融导向实现新技术创新和知识转化，以及技术和知识的研发、应用和推广，从而实现产业结构的优化。特别是对于新兴产业面临的工业占比和创新研发水平不高的问题，以及传统产业中大量存在的资源消耗和环境污染问题等，这些问题的解决必须依靠充足的资金做保障，因此产业结构优化对金融的依赖愈发明显。金融对产业结构优化的导向模式，分为直接金融导向型和政府驱动导向型。直接金融导向表现为相关金融机构利用股票、债券等工具配置金融资源，引导资金流向相关行业。政府导向则是政府通过直接投资等形式将资金注入某些特定需要扶持或需要大力发展的行业，从而实现这些产业的升级。

7.3　指标构建与数据来源

为了进一步明确和测度金融发展对产业结构优化的影响，首先是对山西产业结构合理化和高度化的变化趋势进行测度。测度方法和结果已在本书第 6 章进行了详尽计算，此处不再赘述。

此外，为深入研究金融发展对产业结构优化的影响，还须对金融发展进行测度。考虑到金融发展是一个复杂巨系统，这里将金融发展划分为金融总量、金融效率和金融结构三个方面。其中，金融总量反映产业结构优化的质量和程度。金融效率决定了产业结构优化的过程；而金融结构不仅本身与产业结构优化直接关联，金融结构调整更是产业结构优化的关键。从这三个方面分别构建它们的代表性指标进行衡量，具体包括：

金融总量（x_1）=（各项存款+各项贷款+股票市值）/图内生产总值

金融结构（x_2）= 股票市值/（存款+贷款）

金融效率（x_3）= 贷款总额/存款总额

上述指标的构建原则可以简述为：根据山西金融市场的发展状况，将各项存贷款和股票市场发展规模作为金融总量。金融结构主要指企业融资时直接融资的比例，表明资本市场在资金融通过程中的作用，用股票市值与存贷款总量的比值来代表。存贷款比率反映了金融机构将存款变为贷款，即储蓄转化为投资的能力，一定程度上反映了金融机构的转化效率。

数据来源为 1992—2014 年《中国统计年鉴》和《山西统计年鉴》。首先，利用山西存贷款额、股票市值等数据分别计算出金融总量（x_1）、金融结构（x_2）、金融效率（x_3）作为自变量。进而将产业结构合理度（TL）和产业结构高度（H）分别作为因变量构建回归模型，以考察它们之间的关系。计量回归方程可记作：

$$TL = c + \alpha \cdot x_1 + \beta \cdot x_2 + \gamma \cdot x_3 \tag{1}$$

$$H = c' + \alpha' \cdot x_1 + \beta' \cdot x_2 + \gamma' \cdot x_3 \tag{2}$$

在对模型参数进行估计时，考虑到改革开放以来山西经济发展进程的加快和政策因素变化较大等原因，固定结构模型中的不变参数模型无法完全体现各种政策及经济结构的变化，因此需要考虑采用可变参数模型。这里选择具有变参数特征的状态空间模型，详尽测度金融发展支持产业结构优化的动态变化过程。

7.4 可变参数状态空间模型的构建及估计方法

状态空间模型是以隐含着的时间为自变量的动态时域模型。它包括两个模型：其一是状态方程，反映动态系统在输入变量作用下在某时刻所转移到的状态；其二是输出或量测方程，将系统在某时刻的输出和系统的状态及输入变量联系起来。因此，状态空间模型是描述动态系统的完整模型，表达了由于输入引起系统内部状态的变化，并由此导致输出发生的变化。

可变参数模型的状态空间的一般表示如下：

量测方程：$y_t = z_t \alpha + x_t \beta_t + \varepsilon_t$ $\tag{3}$

状态方程：$\beta_t = \Phi \beta_{t-1} + \eta_t$ $\tag{4}$

$$\begin{pmatrix} \varepsilon_t \\ \eta_t \end{pmatrix} \sim N \left(\begin{pmatrix} 0 \\ 0 \end{pmatrix}, \begin{pmatrix} \sigma^2 & 0 \\ 0 & R \end{pmatrix} \right), \quad t = 1, \cdots, T \tag{5}$$

在（3）式中，z_t 是固定系数 α 的解释变量集合，x_t 是随机系数的解释变量集合，随机系数 β_t 是状态向量，称为可变参数。在（4）式中，假定参数

β_t 的变动服从 AR（1）模型。ε_t 和 η_t 分别是量测方程和状态方程的扰动项。根据（5）式，二者是相互独立的，且服从均值 0、方差为 σ^2 和协方差矩阵为 R_t 的正态分布。

β_t 是不可观测变量，必须利用可观测变量 y_t 和 x_t 来估计，一般采用卡尔曼滤波推导状态向量的最优估计值。令 b_t 和 p_t 分别代表式中的状态向量 β_t 和 β_t 的协方差矩阵的最优估计值。假设从 $t-1$ 期开始估计，则 $b_{t\,|\,t-1}$ 和 $p_{t\,|\,t-1}$ 可以从下式中计算：

$$b_{t\,|\,t-1} = \Phi_t b_{t-1} \qquad p_{t\,|\,t-1} = \Phi_t p_{t-1} \Phi'_t + R_t$$

根据 $t-1$ 期的信息，可以计算出 y_t，

$$y_{t\,|\,t-1} = x_t b_{t\,|\,t-1} + u_t, \qquad t = 1,\ 2,\ \cdots T$$

一步向前预测 y_t 误差为：

$$v_t = y_t - y_{t\,|\,t-1} = \Phi_t (b_t - b_{t\,|\,t-1})$$

一步向前预测 y_t 的均方误差为：

$$F_t = \Phi_t p_{t\,|\,t-1} \Phi'_t + \sigma^2$$

获得了新的观测值后，状态向量的估计值就需要更新，其过程如下：

$$b_t = b_{t\,|\,t-1} + p_{t\,|\,t-1} X_t F_t^{-1} (y_t - \Phi_t b_{t\,|\,t-1})$$

$$p_t = p_{t\,|\,t-1} \Phi'_t F_t^{-1} \Phi_t p_{t\,|\,t-1}$$

b_t 和 p_t 在上面卡尔曼滤波过程中，当给定 b_0 和 p_0 的初始值，对于每一个观测值，卡尔曼滤波都可以获得状态向量的最优估计值。所以，当 T 期观测值都用完后，b_T 则应该包括了所有预测 b，p 和 y 的未来值的信息。卡尔曼滤波实质是一个最优递推数据处理算法，它可以通过量测向量对系统状态向量进行修正和重构，从而达到对状态空间模型的估计和预测目的。

当扰动项和初始状态向量服从正态分布时，未知的系统时变参数可以通过对似然函数式的 BHHH 数值算法优化得到，而其中的似然函数可以通过分解预测误差和均方误差并取对数得到，

$$\Theta^* = \underset{\Theta}{\arg\max}\left(-\frac{T}{2}\log 2\pi - \frac{1}{2}\sum_{t=1}^{T}\log|F_t| - \frac{1}{2}\sum_{t=1}^{T}v_t^{'}F_t^{-1}v_t\right) \qquad (6)$$

其中，参数向量 Θ^* 包括固定参数 Φ_t 和时变参数 B_t 两个向量子空间。

7.5 实证估计结果及分析

使用前述变参数估计方法，对方程（1）和（2）分别建立状态空间模型，将金融总量（x_1）、金融结构（x_2）、金融效率（x_3）以及产业结构合理化（TL）、产业结构高度化（H）数据分别代入其中，借助 EVIEWS7.2 软件估计变参数结果。表7-1列出了金融发展对产业结构合理化影响的模型估计结果。同时，为进一步考察三个变量对产业结构合理化影响的动态变化过程，将其系数变化绘制成图，见图7-2。

表7-1 产业结构合理化变参数模型估计结果

	Coefficient	Std. Error	z-Statistic	Prob.
C（1）	0.316705	0.149310	2.121128	0.0339
C（2）	-6.042280	0.435813	-13.86440	0.0000
	Final State	Root MSE	z-Statistic	Prob.
SV1	-0.020893	0.025054	-0.833949	0.4043
SV2	1.712259	0.716187	2.390799	0.0168
SV3	-0.041362	0.052635	-0.785833	0.4320
Log likelihood	8.255918	Akaike info criterion		-0.543993
Parameters	2	Schwarz criterion		-0.445254
Diffuse priors	3	Hannan-Quinn criter.		-0.519160

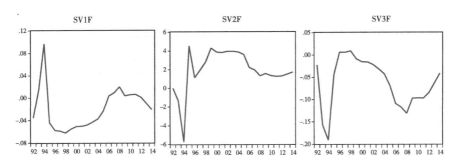

图7-2　产业结构合理化变参数模型估计结果

由于产业结构合理化为逆向指标，取值越小说明产业结构越合理。从图7-2所显示的各金融发展指标对产业结构合理化影响变动系数来看，金融总量（x_1）对产业结构合理化影响系数为负，说明金融总量的扩张对产业结构合理化起到了重要作用。特别是在1995—2004年，其影响作用尤为明显。而在其后2005—2008年，影响作用有一个逐渐趋弱的过程。但随着2009年4万亿元投资的拉动，金融总量对产业结构合理化的影响又开始加强。金融结构（x_2）对产业结构合理化影响系数，自1996年之后转负为正且小幅波动，说明山西金融结构对产业结构合理化未起到促进作用，尚有待进一步调整，这与山西证券市场不发达有很大关系。金融效率（x_3）在1998—2008年对产业结构合理化影响作用逐步加大，有很好的促进作用。不过自2009年至今，这种促进作用有减缓的趋势。

表7-2列出了金融发展对产业结构高度化影响的模型估计结果，为进一步考察三个变量对产业结构高度化影响的动态变化过程，将其系数变化绘制成图，见图7-3。

表7-2　产业结构高度化变参数模型估计结果

	Coefficient	Std. Error	z-Statistic	Prob.
C（1）	−0.449576	0.975867	−0.460694	0.6450
C（2）	−2.974500	0.384358	−7.738872	0.0000

续表

	Coefficient	Std. Error	z-Statistic	Prob.
	Final State	Root MSE	z-Statistic	Prob.
SV1	0.364724	0.116152	3.140049	0.0017
SV2	4.558561	3.320350	1.372916	0.1698
SV3	−0.427962	0.244025	−1.753764	0.0795
Log likelihood	−22.42341	Akaike info criterion		2.123775
Parameters	2	Schwarz criterion		2.222513
Diffuse priors	3	Hannan-Quinn criter.		2.148607

图7-3 产业结构高度化变参数模型估计结果

从产业结构高度化的实证结果来看，金融总量对产业结构高度化具有显著正向影响，且呈现出一种在波动中上升的趋势. 这也表明了山西在多个历史阶段都依靠过金融总量扩张实现对经济增长速度的支撑，与我国1994年开始的市场化改革，以及2009年实施的4万亿元投资拉动有明显关系。金融结构对产业结构高度化的影响也在波动中呈现出一种加强的趋势，但2012年之后又进入一个下降周期，这说明山西金融结构进一步改善的空间仍然很大。金融效率对产业结构高度化的影响，自1994年之后一直呈现波动中下降的趋势，说明金融效率不高，并且其对产业结构高度化的支持作用在下降。因此，山西需要进一步优化金融效率以促进产业结构优化。

由此可以得出，无论是产业结构合理化还是产业结构高度化，依靠金融总量扩张对其产生促进作用的现象非常明显。而用股票市场衡量的金融结构对产业结构优化没有起到促进作用，说明山西股票市场的直接融资还比较欠缺。其原因可能在于虽然股票市场规模得到了较大发展，但还不是企业获得资金的主要方式。另一方面，金融效率对产业结构高度化的带动作用仍有较大的发挥空间。因此，注重提升金融效率，将对今后山西产业结构高度化的进一步发展大有裨益。

7.6　结论与政策启示

金融发展对产业结构优化的重要作用毋庸置疑，但通过细化研究金融发展对产业结构优化的支持作用，不能单纯注重金融总量的发展，应关注金融结构的优化和金融效率的提高，本书结论暗含如下政策含义。

第一，从金融发展支持产业结构合理化方面来看，要注重不同部门之间不同区域的产业协调发展，须通过金融政策给予一定的资金和政策支持。①适当降低具有发展潜质的中小企业贷款约束，适度引导风险投资注入，拓宽融资渠道，最终建立多层次、多方位的资本市场。②通过金融支持化解产能过剩矛盾。对于竞争力强、有发展前景的企业，继续提供资金支持，并采取政策鼓励其发展或跨境投资经营。对于应淘汰的落后产能企业，通过保全资产和不良贷款转让、核销等方式鼓励减产退市。③在实施金融政策和产业政策时，还应注意处理好政府主导与市场主导之间的关系，寻求二者之间的合理均衡点。

第二，从金融发展支持产业结构高度化方面来看，在支持传统产业的同时，更要对新兴战略产业有所侧重。①转变过度依赖政府投资拉动的经济增长，逐步向内涵式经济增长方式转变。加大对创新驱动型、绿色环保型、智能型产品的投入力度。②通过金融支持，逐步淘汰消耗资源多、经济效益差、逐步丧失竞争力的产品，转向具有市场潜力、盈利能力强的产品，实现产品结构的升级换代。③大力发展互联网金融，促进金融业带动第三产业的发展，特别是把战略型新兴产业作为产业结构优化升级的关键。

第三，从金融自身发展来看，金融作为第三产业的组成部分，其发展对于产业结构优化本身就具有重要的推动作用。①发挥资本市场融资功能，提高直接融资能力，进一步完善现代金融企业制度，促进整个金融系统的科学运转。②培养金融创新人才，发挥他们在金融企业支持产业结构优化中的作用。③开展金融机构改革，促进股权多元，防控和降低可能存在的风险，完善保险公司对自主创新企业的保险服务。④对当前大量存在的民间金融市场进行科学评估和定位，加强政府监管和沟通，实现民间融资方式在一定范围内的合理运作。

第八章 金融支持产业结构优化的国际经验及启示

由于不同国家或地区所特有的经济运行体制、金融市场特点，所面临的经济发展环境存在差异，因而各国或各地区产业结构优化中的金融支持特征各有不同。归纳起来，主要有市场主导型金融和政府主导型金融两种类型，其主要代表为美国、日本和印度。在其成功经验中，美国倾向于实行市场主导型金融体制下的以资本市场为主导的金融资源配置方式；而日本和印度则倾向于实行政府主导型金融体制下的政策性金融主导金融资源配置的方式。在各自国家或区域的产业结构优化过程中，它们发挥着不同的支持作用，且特点鲜明。

8.1 美国经验——以资本市场主导金融资源的产业配置

8.1.1 奉行经济自由，实行宽松监管，鼓励金融创新

从世界范围来看，美国作为一个市场经济高度发达的国家，一直奉行经济自由的产业政策。主要以市场手段形成对金融资源的合理配置，推进产业结构的合理化和高度化。

由于美国长期奉行自由主义市场经济政策，不主张政府直接干预金融

活动，因此认为一国的产业结构优化和产业发展是由市场或企业的自我调整来实现的，政府不宜过多干预。且在具体的金融支持产业发展中，主要通过市场化金融支持高新技术产业和支柱企业实现集团化发展，同时，合理运用"市场+政府"手段支持本国中小企业发展。因此，美国政府在金融支持产业结构优化过程中，通过实行比较宽松的金融监管政策，积极鼓励本国金融体系进行金融创新，大力推进金融结构优化，不断为本国的区域产业结构优化提供日益丰富的融资和风险管理手段及途径，以促进不同类型产业发展，以及金融支持的良性结合和循环发展，进而实现产业结构优化的目标。

8.1.2 通过风险投资推进高新技术产业发展

从 20 世纪 80 年代开始，美国进行了战后规模最大的一次产业结构转型升级。它不仅包括对三大产业的调整，而且还包括对工业内部结构的调整，以及不同地区经济结构和不同企业内部结构的变革。到了 20 世纪 90 年代，高新技术产业逐渐成为推动美国国民经济发展的主要产业部门。通过对传统产业进行相应的技术改造，美国以高新技术产业为主导的产业结构逐渐形成。以信息技术产业为支柱的美国新兴产业快速发展，实现了经济长期持续、稳定、快速增长，被称为美国的"新经济"时代，并进一步强化了其在国际市场的竞争地位。

在其产业结构优化过程中，美国充分发挥市场性金融的支持作用，采用高度自由、市场化的融资制度安排，大力推进产业结构大调整。一方面，美国政府以信贷资金支持主导产业发展，以资本市场引导资金流向新兴产业；另一方面，积极采取金融手段扶持中小企业，尤其采用风险投资方式加大了对美国高新技术产业发展的支持，这也成为美国新经济的主要推动力。风险投资方式的运行，为美国那些前景好但不具备上市资格的高新技术企业带来了巨大推动力。它成为了美国高新技术产业发展的关键因素，也成为美国新经济发展的重要支撑力。

风险投资是金融市场中的一种制度创新，它在美国产业转型升级过程中发挥了十分重要的作用。根据美国"全美风险投资协会"的定义，风险投资是由职业金融资本家投入新兴的、迅速发展的、具有巨大竞争潜力的企业中的一种权益资本。风险投资注重产业的创新可行性、发展前景、高收益和增长潜力。其投资对象主要是处于创业初期的高新技术中小企业，投资期限一般至少为 3 ~5 年。采用股权投资方式，不要求控股权，也不需要任何担保或抵押。风险投资者将参与被投资企业的管理，对前期发展顺利的企业的各个阶段进行后续注资。待其增值后，风险投资者将通过上市、收购、兼并或其他股权转让的方式撤出资本，以实现增值。由于美国风险投资的 60% ~70% 均集中于知识密集型和技术密集型的产业，比如信息技术、生物工程、计算机和通讯产业等，因此这种投资结构能很快促进美国产业结构的优化，并实现了对整个产业体系的提升。

在推进风险投资方面，首先，美国通过政府立法、实行贷款担保制度和财税优惠制度等手段，为风险投资业的发展创造了良好的制度环境。其次，美国通过扩大风险资本来源以保证风险投资的可持续性。比如，美国政府曾鼓励退休基金进入创业资本领域，以使创业资本得到大规模、长期化的稳定资金来源，并降低创业资本收益税，促进新型产业发展。最后，美国通过建立创业板市场，为风险资本退出创造条件，极大地促进了风险资本的良性循环发展。

8.1.3　通过资本市场的并购、重组来促进产业组织合理化

美国以资本市场为主导的市场主导性金融，主要体现在以下方面。第一，实现了融资的市场化，使企业无论是从商业银行融资，还是从资本市场融资，都成为了一个市场选择的过程。这当然与完善的美国金融业监管

体系是分不开的。第二，美国直接融资占绝对优势，其占融资总额的 60% ~ 70%。这其中又以债券融资所占份额最大，达到 40% ~50%。即在美国企业的外部融资中，银行贷款占比很小，其大部分资金来自于资本市场。因为对美国企业而言，通过资本市场筹集资金比通过银行筹集资金成本更低。且由于美国资本市场的股东投票机制、并购接管机制和股权激励机制等公司治理机制，使其能够通过资本市场对公司的运作产生有效的指导和约束作用，大大提高了公司治理的效果，从而有力地促进了美国新经济的发展，尤其在以高新技术创新为主要特征的美国新经济中，资本市场的制度创新发挥了不可替代的作用。第三，美国债券市场规模日益扩大，银行贷款比重逐年下降。第四，建立了发达的多层次资本市场体系，美国除了全国性交易所之外，还建设了区域性证券交易所和各种场外交易场所，最大程度地满足了各种融资主体的资本需求。

其中，新型市场化融资体系的创业板市场，适应了美国高新技术产业发展的融资需求。它为美国新经济发展中不同规模和风险的企业提供了重要的资金支持，分散了风险，促进了美国中小企业和高新技术产业的发展，为美国产业结构优化创造了良好的金融外部环境。这一方面是因为其拓展了高新技术产业的融资渠道，另一方面是其有良好的创业资本退出机制，为美国高新技术产业的成长和创业资本的顺利退出提供了有力的制度保证。正是由于美国这种规范的资本市场体系，使得投资者的自主行为主导着股票、债券的价格走势，从而反映了企业的真实经营状况，可以对投资者起到较强的指示作用，并使金融资源自动达到优化配置，以推动优势产业的发展。

产业组织结构的合理化不但是要解决规模与竞争的矛盾问题，还要解决企业的集团化发展与大、中、小企业之间的分工协作以提升产业绩效的问题。由于美国政府不直接干预各类产业的进入和退出及产业组织结构，而是充分发挥资本市场的力量，使各相关利益主体在资本市场竞争中，实现企业自身的最佳规模选择，以及产业内企业组织结构的合理化，因此多层次的资本市场建设十分重要。

当然，美国市场主导型的金融体系也存在局限。比如，以市场机制为基础的收购和兼并行为，在一定程度上加剧了企业运作的不稳定性。同时，股东中对企业经营业绩不满意的投资者容易出售股权，从而在短期内不利于推进产业结构的优化。

8.1.4　通过政策性金融来弥补金融市场失灵

美国的政策性金融主要是为了缩小不同区域间经济发展的差距，扶持不同区域中弱势产业、中小企业的发展，弥补市场性金融带来的区域性金融缺失的现象。其主要采用两种方式，一是政府可以通过预算进行放贷，或直接对民间借贷进行担保。比如，在对中小企业贷款中，政府的直接政策性贷款数量就很少。政府主要是向中小投资公司、风险投资公司等发放优惠贷款，然后再由中小投资公司、风险投资公司等企业，采用低息贷款或购买担保公司证券的方式向中小企业提供资金。二是通过政策性金融机构进行放贷。比如，美国的政策性金融机构——"政府后援企业"，其主要支持本国住宅业的发展，房利美和房地美就是其典型代表。这些金融手段尽管规模有限，但对美国的金融市场具有较强的补充作用。

8.1.5　简要评析

美国金融支持产业结构优化，是在高度发达的市场经济体制下进行的，其主要特点在于：①美国十分注重金融市场在产业结构优化中的作用，政府不直接干预，而是由市场自发进行金融资源的调节和配置。②美国往往采用间接手段为本国的产业发展提供金融服务，而非直接注资。政府对金融的干预较少。③美国的政策性金融主要是形成对民间金融的有效补充。

其规模有限，且主要分布在农业、住宅业、中小企业等方面，政策性支持效果比较明显。

8.2 日本经验——以政策性金融主导金融资源的产业配置

日本是全世界最为典型的政府主导型发达市场经济国家，由于其早期缺乏良好的市场经济基础和完善的金融市场体系，且资金缺口较大，因此其产业发展和产业结构优化，只能依靠政府对市场金融活动的干预和政策性金融对民间资金的诱导来实现。并在此基础上形成了具有历史悠久、体系完善、实力雄厚的属于日本特色的典型的政策性金融体系。"二战"后日本经济的快速增长，既与产业结构的优化有关，又与其特有的政策性金融体系直接相关，已成为实行赶超经济的后起工业国家中金融体制的典型代表。

以银行主导的政策性金融是日本实现资源合理配置的主要力量。二十世纪五六十年代，政策性金融对日本工业体系的形成和壮大发挥了重要的支持作用。在这一时期，日本主要实行低利率政策和优先发展工业政策，各金融机构都优先放贷给工业企业。例如，日本输出入银行和开发银行对重点产业的融资支持，国民金融公库和中小企业金融公库对中小企业的支持，住宅金融公库、环境卫生金融公库对相关产业的支持等。这一时期，通过以政策性金融为主导的金融支持，日本银行为企业提供了大量的信贷资金，占整个金融资金的 70%~80%，有力地促进了日本战后经济的赶超，见表8-1。

表 8-1　1946—1970 年日本产业资金的供给构成情况一览表

单位:%

年份	股票	债券	银行	其他	合计
1946—1950	13.0	3.5	72.4	11.0	100
1951—1955	14.1	3.8	71.9	10.2	100
1956—1960	14.2	4.7	73.0	8.1	100
1961—1965	16.2	4.4	73.0	6.5	100
1966—1970	6.8	3.1	81.2	9.0	100

资料来源:童适平.日本金融监管的演化 [M].上海:上海财经大学出版社,1998.

到了 20 世纪 70~90 年代,日本政策性金融的支持方向发生了转变,从传统制造业向新兴产业转变,推动其产业结构从劳动(资源)密集型向资本(知识)密集型转变。由于其每一个专门的政策性金融机构都依据专门的法律成立,所以日本的政策性金融运行有法律保护,成为了国家金融安全的重要保证。

8.2.1　依法建立大规模的政策性金融体系

为了加快产业结构优化,日本依法成立了专门化的政策性金融机构,即著名的"二行九库"。它具体包括日本输出入银行、日本开发银行、日本国民金融公库、住宅金融公库、农林渔业金融公库、中小企业金融公库、北海道东北开发公库、公营企业金融公库、环境卫生金融公库、冲绳振兴开发金融公库、中小企业信用保险公库。其中,日本输出入银行通过对进出口商提供优惠低息的中长期贷款,以金融手段来支持进出口;日本开发银行的贷款投向主要是电力、煤炭和钢铁等基础性行业,后来将信贷资金投向转向了机械、石油化工、汽车制造等重点行业;日本国民金融公库主要是向中小企业发放维持生产所需要的小额贷款和教育贷款等;住宅金融公库主要向个人发放住宅贷款;农林渔业金融公库主要是为了支持农业、林业和渔业的发展而向其提供各项贷款；中小企业金融公库主要是向中小企业提供设备更新贷款和长期资金周转贷款等一般性贷款，并向为振兴出口而采用新技术的中小企业发放特别贷款；北海道东北开发公库主要是向北海道及其东北部地区从事开发的企业提供资金支持；公营企业金融公库主要是向公营企业发放贷款，以促进公营企业的发展，增加社会福利；环境卫生金融公库主要向经营旅游业、饮食业和理发业等行业的企业提供固定资产贷款；冲绳振兴开发金融公库主要是为冲绳的开发提供长期资金；中小企业信用保险公库，主要是向担保中小企业债务的信用保险协会提供债务的保险，并对信用保险协会进行融资，以保证中小企业的资金需要。这些金融机构因为有完备的法律作为保障，与商业性银行进行有效区别，更好地贯彻了国家的产业政策，加快了日本产业结构的优化。

8.2.2 政府主导信贷倾斜政策有力支持重点产业的复兴发展

20世纪40年代末至20世纪50年代初，日本实行了以"倾斜生产方式"为主的产业复兴政策，并相应实行信贷倾斜政策，支持基础产业、重点产业的发展。一方面，政府专门设立了"复兴金融公库"，实行资金分配政策，优先为煤炭、钢铁、电力、化肥、海运、纤维等重点产业提供优惠贷款；另一方面，日本银行进行"窗口指导"，指导银行贷款投向。对商业银行实行超额贷款政策，保证优先发展部门的资金需要，有力支持了政府的产业发展政策。

8.2.3 官定低利率政策鼓励企业投资

20世纪50年代初至20世纪70年代，日本为了促进出口，扶植基础产业和重化工业化的发展，以实现经济高速增长，实行了人为的低利率政策。

将官定利率定在 4.25% ~6.25%之间，成为发达国家中最低的利率。进一步降低了企业融资成本，激励了投资增长，满足了产业发展的资金需求，实现了产业结构快速由农业、轻工业向重化工业转变。

20 世纪 70 年代至 20 世纪 80 年代，日本已经开始向知识密集型产业转变。此时，金融支持的重点转向对研究开发工业、高级装配工业、新兴工业和知识产业的支持。到 20 世纪 80 年代末，由于日本未能及时调整金融转向，以支持生物、通信、计算机软件等为代表的高新技术产业的发展，因而其经济经历了严重的"泡沫经济"和持续衰退，产业结构优化受阻。

8.2.4　政府主导银企关系，并积极为大中小企业提供融资便利

日本为提高产业国际竞争力，大力推进政府主导下的大企业战略，积极构建政府主导下的紧密银企关系。通过建立"主银行制度"，使银行与大企业订立关系型融资契约，相互持股。这种做法极大地满足了大规模企业经营扩张对资金的需求，促进了日本企业的集团化发展。在金融支持中小企业发展方面，日本一方面以政策性金融形式提供低息贷款，并由政府出资建立中小企业信用担保机构进行担保。另一方面，专门设立创业板市场为高风险企业和中小企业上市服务。同时，设立中小企业柜台市场为非上市中小企业提供融资便利。这些举措极大地拓宽了日本中小企业的融资渠道，促进了其中小企业的快速发展，带动了产业结构的优化。

8.2.5　通过构建法律制度确保金融均衡发展

正是由于日本的产业结构起点低，因此其政策性金融政策对日本的产业结构优化产生了重要作用。一方面，向急需扶植的产业提供了大量长期信贷资金，另一方面也吸引了商业性金融机构积极为政策扶持的产业提供

信贷,从而大大促进了日本基础产业、重点产业和战略产业投资效益的提高和产业规模的迅速扩张。

在政策性金融与商业性金融协调发展过程中,日本以系列化法律制度确保金融协调均衡发展。其内容包括以法律形式确定了商业性金融与政策性金融在资金分割、市场分割等方面的总体协调均衡;确定了政策性金融的侧重点与信贷分布,最大限度地同国家发展战略相协调;确定了民营城市商业银行和官方政策性金融对于大中型战略企业和落后地区、瓶颈产业的发展的支持;确定了以专业化政策性金融业务制度来实现投资结构及产业结构的协调发展;确定了各政策性金融机构在各自独特领域,以独特方式向特殊对象开展金融业务的分工与合作的均衡结构。这种均衡,反映了不同的领域、产业、部门之间的结构关系及产业中的金融均衡。

8.2.6 简要评析

尽管日本和美国金融支持产业结构优化都是在市场经济体制下进行的,但日本在金融支持产业结构优化方面表现出了自己独特的特点,主要体现在:(1)以政府主导金融市场为主,形成了政府主导的以间接融资为主的金融支持模式。(2)为本国产业发展提供的金融服务以直接手段为主,政府对金融的干预较多且更加直接。(3)政策性金融规模庞大,支持范围较广,比较侧重于区域开发和经济结构优化,优势明显,但往往容易与民间金融产生竞争。

8.3 印度经验——以政策性金融主导金融资源在中小企业配置

印度作为世界上较大的发展中国家,其中小企业在印度经济中占有重

要地位，增长速度明显高于 GDP 增速。资料显示，印度 95% 的企业属于中
小企业。目前，大约有 2980 万个微中小型企业。它们为 6953 万人提供就
业，就业人数仅次于农业，生产 6000 多种商品，是印度第二大就业部门。
印度制造业产值的 39% 来源于中小企业，出口金额的 45% 来源于中小企
业，中小企业为印度贡献 8%~9% 的 GDP。印度的中小企业在推动印度经
济增长、出口和创造经济活力方面作用巨大。这些成绩的取得，是与印度
建立的具有鲜明特色的中小企业政策性金融支持体系分不开的。虽然印度
的金融制度与发达国家相比仍然存在差距，但是印度的中小企业政策性金
融支持体系在发展中国家中是处于前列的，即使与发达国家比较起来，也
有其自身的特色。

8.3.1　建立完善的中小企业政策性金融体系

印度的中小企业政策性金融体系，主要包括政策性信用担保机构、政
策性贷款机构、政府投资基金等机构。其中，以小工业开发银行为代表的
政策性贷款机构占核心地位。

印度的中小企业政策性贷款机构主要是以印度小工业开发银行为核心
的。该银行是由印度政府投资设立，通过联合其他金融机构来扶持和开发
小规模工业部门的专业银行它主要通过借款、吸收存款和发行债券等方式
进行融资，并通过实施一系列项目来实现对中小企业的金融支持。其直接
贷款主要用来对中小企业的 ISO 认证、设备投资、技术开发和现代化基金、
微型金融、地区金融公司、小工业开发公司、中小企业的科研机构等进行
金融支持。其间接贷款主要是通过向地区金融公司、小工业开发公司和其
他银行提供再贷款来实现的。其对中小企业的开发和促进，主要是通过建
立各种发展项目进行的。其中，约 90% 的贷款项目资金用来对微型企业的
现代化培训、企业家培训、技术升级进行金融支持。

地区金融公司是依据印度《地区金融公司法》建立的金融机构。它在

印度小工业开发银行的扶持下，向中小企业提供各种项目的再贷款和股权性质的资助，还为企业提供流动资金等。此外，地区金融公司还在印度小工业开发银行的支持下，通过为中小企业和一些病态企业提供"软贷款"，以促进中小企业现代化，以及帮助病态企业脱离发展困境。除此之外，印度在小工业开发银行的扶持下，设立了"微型信用项目"和"尼赫鲁总理计划"两个专项金融支持项目，来支持落后地区产业的发展。其中，前者主要是通过微型金融机构和农村自助团体为穷困地区设立微型信用项目，满足其发展经济对资金的需求；后者主要是由印度政府建立的一项旨在帮助失业青年就业的政府培训补助计划，积极为其创造就业岗位。

在中介机构建设方面，印度设立了中小企业政策性信用评级与担保机构。它们主要由印度微小型企业信用担保基金、印度中小企业信用评级公司、印度中小企业政府投资基金（软件和IT产业国家风险基金、中小企业成长基金）构成。印度中小企业信用评级公司是该国第一个，也是唯一一个主要集中做中小企业信用评级的机构。其主要目标是为中小企业提供全面的、透明的和可靠的评级，使得更多资金更容易的从银行业流到中小企业中去。印度中小企业政府的投资基金，一种以开发基金形式存在，一种以风险基金形式存在。其软件和IT产业国家风险基金，主要是为了满足软件和IT产业的建立和运行的需要，特别是满足已经从事IT产业开发的企业和准备进入IT产业的小规模企业对资金的需要，用以扶持这些高科技企业的快速成长，增强企业在国内和国际市场的竞争能力。而中小企业成长基金，则主要是为了对处于初始阶段的企业进行基金资助，涉及生命科学、零售、发电、食品制造、信息技术等行业，其对印度中小企业发展和产业竞争力提升，都起到了重要的支持作用。

8.3.2　特别强调小工业开发银行在中小企业政策性金融体系的核心地位

印度中小企业政策性金融体系最突出的特点是，强调印度小工业开发银行在体系中的核心地位。由于印度金融市场不够发达，金融制度尚不够完善，因此印度选择以小工业开发银行作为政策性金融机构的核心，以政策性信用担保和政策性投资基金为辅助，主要通过小工业开发银行向中小企业发放贷款，实行中小企业的融资政策。与此同时，印度中小企业政策性金融机构与国家财政和其他商业银行关系融洽。它在经营业务上，不与商业性金融机构发生业务竞争，往往通过政策性信用评级公司对中小企业进行信用评级，鼓励商业银行据此为中小企业进行信贷支持，从而使政府、商业性金融机构、中小企业在发展中均受益。

8.3.3　法定商业性金融必须按一定比例为中小企业提供金融支持

在对中小企业进行金融支持的过程中，印度实行商业性金融与政策性金融相结合的方式。通过立法，要求政府设立的中小企业政策性金融机构，必须按照政府指令办理中小企业融资业务。各商业银行金融机构也必须承担一定的中小企业融资支持业务。一般规定，各商业银行必须将其贷款的20%发放给中小企业。其中的60%还必须要贷给微型企业，以此增加中小企业的融通资金。这对带动相关产业发展来讲，具有重要的意义。

8.3.4　十分重视政策性金融对落后地区经济发展的支持作用

印度作为最大的发展中国家之一，人口众多，区域经济社会发展严重失衡，是一个典型的"二元结构"国家。为了使落后地区或部门尽快摆脱贫困，缩小与发达地区的发展差距，印度政府将小工业开发银行、地区金融公司等中小企业政策性金融机构，设立于国家区域经济相对落后的重点地区和农村金融活动相对薄弱的地区。通过政策性金融向这些地区的中小企业注入资金，极大地推动了落后地区经济的快速发展，为不同区域缓解就业压力，发展落后乡村经济，加快推进社会公平，发挥了极其重要的作用。

8.3.5　简要评析

印度建立的比较完善的中小企业政策性金融体系，为其中小企业发展和相关产业发展奠定了良好的金融基础。但由于其设立资金来源主要依赖政府财政，来源单一，因此在实际运行中如果中小企业经营不善，出现不良贷款，那么将会给印度政府带来沉重的财政负担，甚至还可能引发严重的经济问题。加之其长期实施的低利率贷款政策，往往会带来极大的运营风险，从而无法保证中小企业政策性金融机构的长期和可持续发展。所以，逐步减少对政府财政资金的依赖，使用多种融资手段扩大资金来源，是印度未来中小企业政策性金融发展的关键。

8.4　金融支持产业结构优化国际经验对山西的启示

8.4.1　积极构建促进山西产业结构优化的金融支持体系

从以上金融支持产业结构优化的经验借鉴中可以发现，一国的经济增长往往伴随着该国产业结构的动态调整升级。而在产业结构的动态调整中，既形成了具有动态比较优势的新兴产业，又形成了支持本国产业结构优化的金融体系和与产业经济发展阶段相适应的金融业。二者相辅相成，共同发展。比如，美国经济之所以长期增长，就在于其在传统产业逐渐衰退时及时发展了高新技术产业，且建立了银行和资本市场并重、以资本市场为主的金融支持体系，并依靠金融对产业发展的支持机制，发展出了强劲的高新技术产业，从而一直保持了整个国民经济的动态竞争优势。日本经济之所以在"二战"后崛起，主要是因为其根据本国实际和产业发展需要，得到了制造业优势和有利于制造业发展的以政策性银行体系为主的金融体系的有力支持。但由于其资本市场发展滞后，从而致使日本没能及时发展起强大的高新技术产业，发展一度陷入困境。印度则通过设立中小企业政策性金融机构大力支持中小企业的发展，来实现产业结构的优化。其效果显著，但财政压力巨大。

可见，不同国家或地区应根据其各自的特点来构建特有的金融支持体系。山西应积极贯彻国家产业政策和山西"十三五规划"对产业发展的具体要求，积极主动地建立促进山西不同区域产业发展、结构升级的以银行主导型为主、资本市场为重要辅助的、完善的金融支持体系，走市场导向型的金融发展道路，积极推进区域金融体制改革。根据山西不同区域的经济发展水平和产业特色发展的需要，进一步完善金融支持体系，促进产业结构优化。

8.4.2 坚持政策性金融与市场性金融并举，加快山西产业升级步伐

政策性金融与市场性金融的有机结合与共同发展，是实现山西产业结构优化的必要条件。日本的政策性金融支持产业结构优化的经验表明，单纯依靠市场性金融促进产业结构优化是远远不够的。尤其在市场性金融支持区域产业结构优化出现信贷资金不足时，政府必须充分发挥政策性金融的功能和作用，实现政策性金融和产业政策的相互协调配合，积极支持符

合区域产业发展方向的产业和企业实现转型升级。所以，市场性金融和政策性金融在支持区域产业结构优化过程中各有侧重，各有各的利益诉求，因此必须予以高度重视。

与此同时，加强直接融资与间接融资的有机结合和共同发展同样重要。即使在像美国这样发达的以直接金融为主导的金融体系中，其间接融资方式仍占有相当重要的地位。因此，对于山西来讲，既要积极发展直接融资，又要大力发展多元化的融资方式，实现直接融资与间接融资的有机结合和共同发展。尤其对战略性新兴产业和高新科技中小企业，应鼓励发展风险投资和各种形式股权投资的方式，加快促进产业结构优化。

8.4.3 正确处理政府调控与市场配置的关系

从一般意义上来讲，资源配置方式主要有计划和市场两种配置方式。而在产业结构优化的实际进程中，纯粹以政府调控金融资源或纯粹以市场进行金融资源的市场配置都是很少见的。所以，尽管市场具有合理配置资源、自动校正产业结构的功能，但由于其不可避免地存在市场失灵，又必须强调要辅之以政府调控。因此，在金融资源配置过程中，只有促进政府和市场功能相一致并相互弥补与配合，才能使金融对区域产业政策的发挥起到积极作用，否则可能造成产业结构优化的逆转或偏离。

鉴于其他国家或地区的经验教训，山西金融支持产业结构优化必须坚持的根本原则是：实现金融、经济、社会和谐发展，将金融作为产业结构优化的一项战略资源进行配置。在充分发挥政府引导、调节和监管作用的同时，既要确保资金供给充足，强化银企关系的市场化，又要积极发展资本市场进行直接融资，较多地以市场化手段促进产业结构的优化。力求金融与产业相互协调，实现可持续发展。

8.4.4 适时适度调整政策性金融的业务范围，突出产业扶持重点

一般来讲，政策性金融的比例、规模和业务范围，应随着经济发展和市场情况适时适度地进行相应调整。从日本的经验来看，政策性金融的支持领域长期固定在某一行业或产业，会失去市场性金融的支持，从而使其在 20 世纪 90 年代未能与新经济时代同步，经济一度陷入困境。而从印度的经验来看，由于其国家专门设有支持中小企业发展的金融体系，且不断调整其规模和业务范围，因而有利促进印度中小企业和产业的发展。从长期动态来看，政策性金融的重要辅助作用是随着市场经济的成熟而递减的，其支持领域应随着市场机制的完善和产业发展的不同阶段而不断调整。

目前，山西正处于产业结构优化和经济转型的关键时期，面临着经济赶超的艰巨任务。因此，有必要依靠国家力量，建立强有力的专门针对山西发展的政策性金融支持体系。积极引导和调动金融资源投资山西基础设施、基础产业、优势重点产业，积极扶持弱势产业，并努力提高政策性金融对落后地区产业发展的支持效率，使山西金融对区域产业结构优化的作用越来越显著。这对于山西经济的和谐健康发展和产业结构优化目标的顺利实现，都具有重要的战略意义。

第九章　结论和政策建议

9.1　结论

经济的发展总是伴随着产业结构的优化，即产业结构向合理化和高度化不断演化的过程，在这当中表现为生产要素在不同产业部门的流动和转移，从而实现产业结构优化。因为生产要素在现代经济条件下更多地表现为资金的形式，所以产业结构优化本质上就表现为资金在不同产业部门的流动和转移。而产业结构的优化，无论是采取以投资倾斜为主的增量调整，还是采取以资源配置为主的存量调整，都离不开资金。资金的流动和转移在现代市场经济条件下，总是和一定的金融活动发生联系。产业结构的优化越来越离不开金融活动的支持和影响，因此金融是影响产业结构优化能否成功实现的关键因素。金融活动主要通过资金的形成机制、导向机制、信用催化机制作用于资金的分配，改变资金在不同产业部门的供给水平和配置结构，进而影响生产要素的分配，从而推动产业结构的优化。

不同形式的金融由于其自身的运行特点，对产业结构优化有着不同的影响特点。笔者结合山西的实际情况，围绕"山西产业结构优化对经济增长的影响"和"山西金融发展对产业结构优化的支持"两大主线展开研究。在理论研究和现状分析的基础上，采用分位数回归方法定量分析山西产业结构合理化和高度化对经济增长的影响。与此同时，将金融发展从金融总量、金融结构和金融效率三个角度进行测度，并运用可变参数状态空间模型定量研究山西金融发展对产业结构优化的影响，通过实证研究主要得到以下结论。

第一，山西产业结构虽然比较符合山西的比较优势，但是其中污染严重的第二产业尤其是重工业所占比重过高，第三产业比重偏低，第一产业比重下降过快。因此，山西有必要对其产业结构进行合理的调整，加大农业技术投入，控制第二产业特别是重化工业的发展速度，加快第三产业的发展，从而实现山西经济转型和可持续发展。

第二，产业结构优化与经济增长关系密切，包括合理化和高度化两个方面。山西作为典型的煤炭资源型省份，资源型产业结构特征明显，产业结构合理化水平不高。1978—2014 年，山西产业结构合理度不高且波动较大，呈现一定的阶段性特征。其制约因素主要是第一产业劳动生产率与山西平均劳动生产率的差距过大。山西产业结构高度化自 1996 年以后开始明显提升，主要得益于第二产业和第三产业，尤其是第三产业劳动生产率及其比重的提高。山西产业结构合理化对经济增长的促进作用比较明显，而高度化对经济增长的推动作用并不显著。不管是合理化，还是高度化对经济增长的影响都与经济增长速度有一定关系。

第三，经济发展和产业结构优化离不开金融的支持。随着山西经济发展水平的提高，金融市场体系的逐步成熟，组织体系的日趋完善和经营体制机制的不断转变，金融业在山西经济社会发展中的地位越来越重要，山西金融业对当地经济发展的支持作用越来越明显。然而，从与全国比较的视角来看，山西金融业的发展还比较落后，而且其对山西产业结构优化和经济的促进作用还有待提升。

第四，无论是产业结构合理化还是产业结构高度化，依靠金融总量扩张对其产生促进作用的现象非常明显。而用股票市场衡量的金融结构对产业结构优化没有起到促进作用，这说明山西股票市场的直接融资还比较欠缺。其原因可能在于虽然股票市场规模得到了较大发展，但还不是企业获得资金的主要方式。另一方面，金融效率对产业结构高度化的带动作用仍有较大的发挥空间，因此注重提升金融效率将对今后山西产业结构高度化的进一步发展大有裨益。

9.2　政策建议

9.2.1　加快推进信用体系建设，建立完善的金融生态环境

金融机构通过储蓄、发行债券等方式广泛集合社会闲散的小额资金；再结合国家产业政策与长远发展目标，通过选择合适的投资对象，将存款转换为产业发展基金，从而对产业结构调整产生重要的作用。但自 2001 年以来，山西存贷款比例不断下降，储蓄投资转化率不断下降。同时，还有很多需要大量资金支持的中小企业面临着融资困难的困境。金融政策资金导向机制的失灵，在某种程度上阻碍了山西产业结构优化的进程。金融运行效率低下，其中一个很重要的原因就是与山西本地的信用环境和金融生态环境有关。一些金融机构可能处于自身风险控制的需要，不敢轻易的发放贷款。尤其是那些高新技术、高风险的企业更难从银行得到信贷支持。要提高金融运行效率，积极运用金融因素促进产业结构优化，就要加快推进信用体系建设，持续改善金融生态环境。具体来说，可以从以下两方面进行。

首先，政府应建立和完善相关的金融法律法规制度，加强金融监管，防范金融风险，加强监管人才队伍建设，保证金融机构运行的合法合规。政府应该树立服务意识，改善服务职能，充分发挥为金融和经济服务的职能。同时，政府应及时制定并发布产业发展政策以及宏观调控政策，建立公共信息发布平台，使金融机构能够及时了解经济政策，为其提供引导作

用，帮助金融机构作出经营决策。

其次，积极促进山西社会信用体系建设，可从以下四个方面展开。一是加快对社会征信方面的立法，建立社会失信惩戒机制。对以非法占有为目的、通过提供虚假信息进行金融诈骗和不以非法占有为目的，但通过有意提供虚假财务资料为企业利益骗贷的现象进行失信惩戒。二是加强政策性担保机构建设，对需要政策扶持的战略新兴中小企业、高新技术产业，由政策性担保机构进行风险担保。三是加快转变政府行政方式，提高行政公信力，建立起一个以山西省政府信用为保障、企业信用为核心、个人信用为基础的较为完善的社会信用征信系统，促使山西相关金融机构共享系统内的信用信息，推进信用状况透明化。四是加强社会诚信制度建设，以及诸如会计、审计、法律、担保、评估等社会中介服务体系建设。

9.2.2　构建多元化的信贷市场，满足多样化的融资需求

1. 继续发挥国有商业银行对产业融资的主渠道作用

银行始终是企业融资的主要渠道之一。虽然，近几年来，中央政府一直强调要大力扩大直接融资占比，优化金融市场的资源配置效率，但是直接融资市场短期内还是难以替代银行主导的间接融资模式。

具体在促进产业结构优化中，山西各大国有商业银行可通过改变贷款的投向及贷款条件来引导产业结构调整。具体来讲，有以下几方面：（1）在产业投向上，一方面，要加强对主导产业、支柱产业和高新技术产业的支持。尤其要重点支持信息传输、计算机服务和软件业、综合技术服务业等新兴产业。另一方面，要积极增加对具有高附加值的特色农业产业的支持力度，对一些有效益、有技术、较先进的中小企业进行短期信贷支持。（2）在进行信贷投放时，一方面要采取灵活、审慎的抵押担保制度，确保金融资金满足符合山西产业政策的企业的资金需求；另一方面要积极引导金融资金流向知识、技术密集型和高附加值型产业，严格控制其流向低效益、高污

染、高资源消耗和产能过剩的产业，以最终提高山西的经济效益和金融资金的配置效率，提高信贷政策支持山西产业结构优化的能力。

2. 积极发展中小金融机构

中小企业在解决就业、促进产业结构优化、缩小城乡差距方面意义重大。从山西产业发展的金融需求来看，其最大的金融需求主体实际是占企业大多数的中小企业。但目前，山西的金融供给主体却是以不情愿给中小企业放贷的大型金融机构为主体，从而使中小企业尤其是县域中小企业的融资需求得不到满足。因此，山西应积极发展中小金融机构，特别是特色中小银行，诸如科技银行、村镇银行、汽车金融公司、中小企业发展信托基金等，使其成为解决山西中小企业融资的一个重要途径。

在山西中小银行体系设立途径上，可将国有银行县以下分支机构改造为独立的山西地方银行，形成一批以吸收民间资本入股的中小银行，如社区银行等；并逐步将农村信用社改造成村镇银行，办出特色。另外，可充分发挥邮政储蓄银行的独特优势，引导邮政储蓄银行各级机构在业务拓展上向农村地区倾斜，将其吸收的存款全额用于山西地区的经济发展，以防止资金外流，从而强化金融机构对山西产业发展的服务功能。除此之外，在股份制银行和外资银行的建设方面，山西应积极争取引进内外资金融机构来山西设立分支机构。或出资设立外资银行，或引进银行业境外战略投资者。同时，引进在区内外影响较大的从事证券、期货、保险、基金、信托、投资、财务等专业性公司等非银行金融机构来山西设立分支机构，以充分利用国内国际两个市场、两种资源，促进区内外金融机构优势互补、合作共赢。

3. 加强金融信贷工具创新

为了更好地满足山西产业结构优化对金融需求多样化的现实要求，山西金融机构应密切关注国家和山西金融政策的调整变化情况。政府应鼓励和推动各金融机构为应对不同地区产业发展的金融需求，积极开展金融创新。

首先，各金融机构要积极创造条件，努力向国家争取有关山西进行金融创新试点的政策。在山西相对发达地区进行金融支持产业发展的金融创新试点，营造金融创新氛围。其次，根据产业发展的市场供求变化，及时提供便捷的银行、证券、保险服务和产品以及金融衍生产品，把资产证券化、股权投资和保险等金融工具结合起来。通过股权投资引进战略投资者，并通过保险创新提高企业信用等级，以增强金融业融资能力。第三，金融机构要在发展中不断提高信贷资产质量，盘活现有存量资金，加速促进产业支持资金流转，保证银行信贷资金的安全。这也是金融机构进行金融创新的前提和保证。只有这样，金融机构才能有足够的力量支持山西产业结构的优化。第四，金融机构间加强同业合作，促进有序竞争。要从避免非理性竞争的角度出发，探索建立各金融机构间的合作机制。充分利用好区内各金融机构的资金优势，实现优势互补。针对企业、项目特别是重大项目建设周期长、资金需求多的特点，可实施银团贷款、项目融资❶等方式，相互配合、多方联动解决资金缺口。

9.2.3 重视直接融资的作用，培育多层次的资本市场

多层次的资本市场主要体现在多元化和多形态两个方面。其中，多元化指的是资本市场结构呈现主板、中小板、创业板、场外交易等多种市场。多形态指的是资本市场中包括了股票、债券、期货、股权和金融衍生品等在内的多种融资工具。山西应积极加强产业发展，大力培育多层次的直接

---

❶ 银团贷款的产品服务对象为有巨额资金需求的大中型企业、企业集团和国家重点建设项目。过去由于体制原因，各家银行贷款向大企业、大项目集中现象严重，造成对大企业、大项目的过度授信，潜在风险较大，实施银团贷款，有助于加强银行间合作，防范银行贷款风险，防止银行间出现盲目竞争，从而维护金融市场秩序，保护银行权益。从项目融资来看，商业银行参与项目融资，能有效解决山西地区一些资源型企业在技术改造和并购中的资金短缺难题。

融资体系，促进各类企业向资本市场融资，提高直接融资比例。

1. 加快企业重组，重点培育从事主导产业的企业在主板市场上市

根据山西产业发展实际确定重点融资产业，积极培育符合主导产业发展方向的、有潜力的企业上市。首先，积极扩大山西资本市场的总体规模，对于符合上市规定和山西产业政策的企业均给予上市支持，继续增加上市公司的数量。同时，积极吸引个人、企业和国外投资者对企业进行中长期投资，进一步扩大产业结构优化所需的资金规模。其次，在上市企业培育过程中，要按照证券市场的规定，帮助处于前期发展的主导企业进行资产重组，剥离不良资产，实现山西不同地区的跨地区、跨行业、跨所有制的企业或企业集团进行资产重组和强强联合，并扶植其快速发展，达到具有区内外相对比较优势的程度。第三，随着企业上市资金募集过程的成功，企业将在技术、品牌、产品等方面具备了进一步拓展的能力。这就需要企业将比较优势继续做大做强，通过收购、兼并、参股、控股等方式方法实现低成本扩张，实行多元化经营，发挥规模经济和技术优势，使外部资源得到充分利用，带动主导产业快速发展。同时，还可以通过产业链把一大批中、小企业纳入产业化分工体系，从而既促进了主导产业的整体发展，又实现了优势互补、合理分工，提升了产业竞争力，促进了产业结构的合理化和高度化。第四，继续扩大直接融资规模，提高直接融资比例。积极吸引各类投资者参与直接融资，为山西大企业进行收购和资产重组提供良性发展轨道，从而可以加快实现山西大企业大集团战略的实施目标。

2. 发展风险投资，支持高新技术企业在二板市场上市

长期以来，山西产业发展格局一直由第二产业占主导；而第二产业中，重化工、能源冶金行业占有绝对比重，产业发展过多依赖于资源的消耗，环境污染严重。在目前能源产业产能严重过剩的状况下，山西产业结构亟需调整，而高新技术产业是产业结构优化的主攻方向。要推动高新技术产

业发展，就需要金融的支持。但由于高新技术的风险大，银行等金融机构贷款意愿低，态度谨慎，不能够为其提供发展支持。因此，通过资本市场融资大力推动山西高新技术产业发展，是推进山西产业结构优化的重要途径。

二板市场是在主板市场以外专门为中小科技企业进行融资，提供股票发行和交易的场所，其最大的特点是上市标准低，比较适合成长性好、有潜力的中小科技企业融资。由于高新技术企业前期一般规模小、研发费用高、风险大等特点，因此二板市场成为了高新技术产业发展的良好融资渠道。

在山西高新技术企业发行上市方面，可以借鉴发达国家或地区的经验，通过建立产业投资基金和风险投资基金的方式进行。一方面，积极设立高新技术产业发展创业基金，允许山西国有（控股）企业和民营企业作为发起人进行企业上市，也应该允许国际资本投入，设立境外创业基金，共同为山西高新技术产业化提供资金支持。另一方面，建立有效的风险投资机制为企业上市融资保驾护航。第一，实行风险投资主体多元化，尤其在风险投资起步阶段，政府应适当投入一部分资金，引导其他机构，比如保险公司、证券公司、工商企业等机构和公众资金参与。第二，进一步完善和促进山西风险投资发展的中介服务体系建设，主要包括推动证券公司和投资银行的积极介入，为风险投资提供资金中介服务；强化律师事务所、会计师事务所、资产评估机构、担保机构等社会中介机构在风险投资运作中的作用。第三，进一步完善风险投资退出机制，通过积极发展创业板市场，为风险资本退出提供股票市场渠道；通过积极发展场外交易市场，为采用并购的方式进行风险资本退出创造条件；通过利用香港及国外二板股票市场，开辟新的风险投资退出渠道。

另外，对于那些达不到上市条件的山西高新技术企业，可考虑进入新三板市场进行股票交易，因为新三板市场的建立主要是为了培育高新科技创新企业到二板市场上市的，其未来融资方向主要对接创业板市场。

3. 发展多样化的证券投资工具，支持山西不同产业发展

从资本市场交易的金融工具来看，资本市场主要包括股票市场、债券市场、股权交易市场、保险市场、金融衍生工具市场等。基于山西产业发展现状，其应该首先加快发展企业债券市场，以形成以公司债为主，公司债券、非公司企业债券、金融债券、政府债券等并存的债券结构，为不同产业的企业提供良好的融资环境和渠道。其次，积极推进场外交易市场建设。这既可以促进山西企业债券市场的发展，尤其是可以促进非上市企业的债券流通，更好地满足此类企业的融资需求和产业结构优化的需要。同时，又可以促进山西股权交易市场的发展，推动山西高新技术产业发展，引导国有企业的产权流动和重组，加快国有经济结构的调整和地方经济的发展，从而有效地促进山西产业结构的优化。再次，从政策上争取中央设立为山西产业发展的专项债券，并适当放宽债券利率上限。专项债券要结合山西建设的特点，以经济效益和社会效益均十分显著的基础设施项目为发债主体，以吸引投资者到山西投资。最后，还可以通过大力发展山西期货市场和保险市场，在严控风险的前提下，为大宗商品生产者和消费者推出具有发现价格和套期保值功能的期货品种。

9.2.4 发挥政策性金融的引导作用，推动资本流向新兴产业领域

与市场性金融不同，政策性金融是一种特殊的金融服务，是政府调节产业结构、实现产业发展战略的重要方式。在现阶段，政策性金融之所以还很重要，有如下原因。其一，在经济转型过程中，政府有责任、有义务、有能力实施必要的产业政策导向。在民营经济和市场要素还相当薄弱的情况下，依靠政府的权威完成经济与社会改革的历史性演变。其二，由于信

息的不对称，金融机构的逐利特性及有限的风险承担能力。加之新兴产业在发展初期的高风险、低盈利等因素，使得金融市场不可能按照新兴产业的要求去完全满足它们的资金需求。尽管金融机构在这里有它们某些合理的原则，但对新兴产业的初期发展会有负面影响，面对可能不盈利的某些类似于"公共负担"的投入，这就需要政策性金融的介入。

政策性金融支持可以从以下两方面进行：一是政策引导。政府可以通过制定各种宏观经济政策为新兴产业创造有利的外部环境，如《"十三五"战略性新兴产业发展规划》等；实施一定的优惠利率政策，调节新兴产业的融资成本，以达到促进新兴产业发展的目的；对部分质量高、效益好的新兴产业提供担保，使之能够顺利取得商业银行的融资或者发行融资债券，帮助重点新兴企业获得发展所需资金。二是直接投资。直接投资是指政府通过财政政策直接对新兴产业进行财政性补贴，或者通过政策性金融机构，向符合政府产业政策导向的新兴产业进行无息贷款，以解决新兴产业发展的诸如启动资金等问题。政策性金融机构可以通过发行新兴产业发展债券或新兴产业项目融资债券等向市场融资，再投资于新兴产业或贷给新兴产业部门，解决发展中的资金问题。

因此，山西应通过建立政策性科技银行、政策性科技担保公司，政策性科技保险公司等政策性金融机构，利用政策优势，以政策为主、商业性为辅的运作原则，不断引领新兴产业的发展，以少量政策性资金作为倡导性的投资，带动市场性金融机构的跟随投资，最终实现政策性金融与市场性金融共同促进新兴产业发展的目的。

9.2.5　推动民间金融发展，鼓励民间融资方式创新

非正规金融是正规金融供求不平衡下的产物，对区域产业资本的累积具有重要的补充作用。由于非正规金融的服务对象主要是中小企业、农户和城镇低收入群体，因此政府应当给予其适当定位，通过制度完善，将其

纳入监管体系，依法维护金融交易各方的合法权益，积极创造条件鼓励其向规范化、正规化发展。山西经济发展，需要各层次金融市场主体的推动。目前，众多山西中小企业已开始走"民间融资"的信贷选择之路，说明山西民间金融有着广阔的市场。因此，山西政府部门应积极创造条件，推动民间金融成为山西中小企业发展的重要资金来源。

对于山西民间金融建设，首先，一方面要对有利于经济发展的山西民间融资行为给予引导和监管，并尽快制订和完善相关操作规程，逐步把民间金融纳入山西金融的正规监督体系之内；另一方面，对于类似高利贷行为的民间金融坚决予以打击。其次，积极鼓励山西民间资本投资于地方股份制商业银行、农村合作组织或民间金融组织，加快促进小额贷款公司和小额担保公司的发展，以有利于山西金融市场结构的改变和金融资源的合理配置。再次，发挥现有银行体系的中介作用，根据山西产业结构优化的方向，积极引导民间金融投资于不同产业，鼓励和支持民营企业通过收购、兼并、控股参股、转让经营权等多种形式，参与国有经济改革和战略性调整。尤其是引导民间中小金融机构来促进中小企业的发展，引导民间资本作为资本金注入民营企业。

9.2.6 建立有效的金融中介服务体系，提升金融服务水平

一个地区经济是否发达、经济活动是否活跃，其中很重要的一方面，就是要看该地区的金融中介服务活动是不是很活跃。建立多元化及有效的山西金融中介服务体系，不仅有助于山西经济应对金融危机，而且对于繁荣山西地区经济，推动地区资本市场的活跃和发展，也都具有十分重要的意义。

首先，积极优化山西金融中介服务机构的生态环境，从法律法规、社会信用体系、会计审计准则、中介服务体系等方面入手，改善山西金融中介服务机构生存发展的外部环境。其次，政府应加大在金融中介咨询服务

方面的投入力度。每年应投入一定数量的资金和项目，以支持金融中介机构的发展，并鼓励山西金融中介机构向民间、外资开放，允许民资、外资投资控股或参股，支持其做大做强。最后，加强证券公司、律师事务所、会计师事务所、信用评级机构、融资性担保公司、政府管理机构及各承销机构的建设，进一步完善中介服务体系。即加强对中介机构执业规范和执业行为的审核监督，严肃查处违法行为，建设诚信中介服务体系，积极引进、培育和发展担保公司。通过上述措施，加强对担保公司的管理和引导；加强对山西投资银行、资信评级等中介机构的建设；加强山西中小企业信用担保制度建设，促进山西财务公司大发展，为山西产业结构优化服务。

9.2.7　完善金融支农体系，推动农业产业化升级

要实现农业产业化、机械化的发展目标，真正优化农村的产业结构，就需要巨大的金融资金的支持。由于农业的发展、完善主要是依靠农村的金融支持，但山西农村金融发展相对缓慢，吸纳资金的能力有限，总体发展水平不高，金融资金的供给能力大打折扣，导致农业产业化发展所需要的金融需求与金融供给的脱节，严重影响了山西农业产业结构的调整。所以，山西应加快实现农村金融体制的改革，重点加强农村金融支农体系建设，推动农业产业化、机械化的升级调整。山西在进行农村金融体制改革时要重点关注以下两个方面。首先，要坚持以"三农"为服务宗旨，积极探索新的产融结合方式；其次，要拓宽农业的融资渠道，创新金融工具和金融产品，使其符合农业的产业特点，规范和引导民间非正式融资等。

9.2.8　调整金融信贷结构，大力发展现代生产性服务业

区域的金融信贷结构失衡，可能会导致个别行业过分膨胀而薄弱行业

更加萎缩，从而可能加剧经济结构的失衡。因此，对于山西而言，必须持续优化信贷结构，充分发挥金融对于经济的核心服务作用。一方面应利用信用贷款扶持实体经济发展，尤其是针对"三农"、中小微企业和战略性新兴产业，应当加大金融信贷的支持水平；另一方面，应当通过金融信贷结构的调整优化，加快扶持现代生产性服务业发展，为实现产业结构的高度化与合理化目标提供金融保障。此外，针对产能过剩、污染严重的钢铁、水泥、煤炭等行业，应当严格管控相关金融贷款服务，加强对违规建设项目、落后产能企业和环保违法企业等违规项目和企业的监管和信息披露，为有针对性地调控金融信贷结构提供相应的决策依据。

参考文献

[1] 爱德华·肖.经济发展中的金融深化[M].上海:上海人民出版社,1988.

[2] 白洁.R&D投入、发展差异与产业结构高度化研究——基于省级面板的实证检验[J].工业技术经济,2013(4).

[3] 白雪梅,赵松山.浅议地区间产业结构差异的测度指标[J].江苏统计,1995(12).

[4] 蔡红艳,阎庆民.产业结构调整与金融发展——来自中国的跨行业调查研究[J].管理世界,2004(10).

[5] 曹斌,李国平.产业结构变动对经济增长影响的测度方法综述[J].兰州商学院学报,2005(10).

[6] 陈静,叶文振.产业结构优化水平的度量及其影响因素分析[J].中共福建省委党校学报,2003(1).

[7] 陈荣达,楼远.基于灰色关联度的温州产业结构合理化评估[J].财经论丛,2006(3).

[8] 陈卫民.资源型城市产业结构调整与优化研究[D].武汉:武汉大学,2011.

[9] 陈岩岩.山西省金融发展影响产业结构调整的实证研究[D].太原:太原科技大学,2009.

[10] 陈志楣,杨德勇.产业结构与财政金融协调发展战略研究[M].北京:中国经济出版社,2007.

[11] 党耀国,刘思峰.我国产业结构的有序度研究[J].经济学动态,2004(5).

[12] 丁春玲,刘静,史晓娟.金融创新促进产业结构转型升级研究[J].山西财经大学学报,2014(4).

[13] 丁一兵,傅缨捷,曹野.金融发展、技术创新与产业结构优化——基于中等收入国家的经验分析[J].产业经济评论,2014(3).

［14］杜家廷．金融资产结构调整、产业结构升级与污染排放控制［J］.经济地理,2014
　　　(11).

［15］杜家廷．区域金融结构与产业结构协调度研究［M］.北京:科学出版社,2014.

［16］段全英．中国产业结构合理化的经济增长效应分析［D］.北京:首都经济贸易大
　　　学,2013.

［17］范超晋．山西资源型经济转型的金融支持研究［D］.太原:山西财经大学,2015.

［18］范芳志,张立军．中国地区金融结构转变与产业结构升级研究［J］.金融研究,2003
　　　(11).

［19］樊纲等．金融发展与企业改革［M］.北京:经济科学出版社,2000.

［20］冯江茹,范新英．山西省产业结构与经济增长关系的实证研究［J］.兰州商学院学报,
　　　2010(8).

［21］冯江茹,范新英．我国产业结构对经济增长的影响［J］.技术经济,2012(4).

［22］冯江茹,范新英．资源型地区产业结构优化测度及对经济增长的影响［J］.中国科技
　　　论坛,2015(10).

［23］傅进．产业结构调整中的金融支持问题研究［D］.南京:南京农业大学,2004.

［24］付凌晖．我国产业结构高级化与经济增长关系的实证研究［J］.统计研究,2010(8).

［25］干春晖,郑若谷,余典范．中国产业结构变迁对经济增长和波动的影响［J］.经济研
　　　究,2011(5).

［26］高铁梅．计量经济分析方法与建模［M］.2版.北京:清华大学出版社,2009.

［27］高燕．产业升级的测定及制约因素分析［J］.统计研究,2006(4).

［28］戈德·史密斯．金融结构与金融发展［M］.上海:上海人民出版社,1990.

［29］龚强,张一林,林毅夫．产业结构、风险特性与最优金融结构［J］.经济研究,2014(4).

［30］顾海峰．金融支持产业结构调整的传导机制与路径研究［J］.证券市场导报,2010
　　　(9).

［31］郭将,杨芹芹．上海市金融发展对其产业结构优化的影响研究［J］.经济与管理评论,
　　　2015(1).

［32］郭金龙,张许颖．经济变动对经济增长方式转变的作用分析［J］.数量经济技术经济
　　　研究,1998(9).

[33] 郭克莎.结构优化与经济发展[M].广州:广东经济出版社,2001.

[34] 郭克莎,王廷中.中国产业结构变动趋势及政策研究[M].北京:经济管理出版社,1999.

[35] 郭佩颖.产业结构变动与经济增长的收敛性[D].长春:吉林大学,2013.

[36] 韩慧敏.产业结构调整中的金融支持研究[D].北京:中共中央党校,2006.

[37] 郝乐乐."综改区"背景下的山西金融改革研究[D].太原:山西财经大学,2012.

[38] 何德旭,姚战琪.中国产业结构调整的效应、优化升级目标和政策措施[J].中国工业经济,2008(5).

[39] 胡宝剑,蔡钊利,郭立宏.基于偏离-份额模型的延安产业结构合理化分析[J].西北农林科技大学学报(社会科学版),2010(3).

[40] 黄婧.山西能源产业结构优化研究[D].太原:山西大学,2010.

[41] 黄禹铭.后金融危机时代资源枯竭型城市产业结构与主导产业选择研究[D].北京:中国地质大学,2011.

[42] 霍利斯·钱纳里,谢尔曼·鲁宾逊,摩西·塞尔奎因.工业化和经济增长的比较研究[M].吴奇,王松宝,等译.上海:格致出版社,2015.

[43] 纪玉山,吴勇民.我国产业结构与经济增长关系协整模型的建立与实现[J].当代经济研究,2006(6).

[44] 江小娟.世纪之交的工业结构升级[M].上海:上海远东出版社,1996.

[45] 江小娟.中国的外贸经济对增长、结构升级和竞争力的贡献[J].中国社会科学,2002(6).

[46] 蒋振声,周英章.经济增长中的产业结构变动效应:中国的实证分析与政策含义[J].财经论丛,2002(5).

[47] 金福子,崔松虎.产业结构偏离度对经济增长的影响——以河北省为例[J].生产力研究,2010(7).

[48] 景普秋.煤炭资源型区域经济发展方式转变及其路径选择——以山西省为例[J].煤炭经济研究,2011(9).

[49] 景普秋.资源优势是山西经济发展的桎梏吗?——山西及周边五省份的资源比较与评价[J].生产力研究,2003(1).

[50] 靖学青. 产业结构高级化与经济增长[J].南通大学学报(社会科学版),2005(9).

[51] 康彦彦. 资源型城市产业结构调整研究[D].北京:中国地质大学,2013.

[52] 郎永清. 产业结构调整中的经济增长[D].西安:西北大学,2005.

[53] 李博,胡进. 中国产业结构优化升级的测度和比较分析[J].管理科学,2008(4).

[54] 理查德·L 基钦. 发展中国家的金融[M].哈尔滨:黑龙江人民出版社,1990.

[55] 李东军,张辉. 北京市产业结构优化调整路径研究[M].北京:北京大学出版社,2013.

[56] 李加. 山西省资源型经济转型的金融支持体系研究[D].南宁:广西大学,2013.

[57] 李京文. 中国产业结构的变化与发展趋势[J].当代财经,1998(5).

[58] 李少林. 环境资源约束下产业结构的变迁、优化与全要素生产率增长[D].大连:东北财经大学,2013.

[59] 李双成. 产业结构优化理论与实证研究[M].北京:冶金工业出版社,2013.

[60] 李伟,唐齐鸣,苏小燕. 金融支持与中小企业发展:一个关于资金需求和供给的均衡分析[J].世界经济,2004(5).

[61] 李杨,杨思群. 银行与中小企业融资问题研究[J].上海金融,2001(10).

[62] 李懿洋. 甘肃省产业结构与经济增长的灰色关联分析[J].企业经济,2011(5).

[63] 李友元. 产业结构调整中的财政金融支持体系建设[M].北京:知识产权出版社,2012.

[64] 李媛媛,金浩. 金融创新、技术进步与产业结构调整[J].天津大学学报(社会科学版),2013(11).

[65] 李致平,徐宝英. 中部地区经济增长与竞争优势分析[J].安徽工业大学学报(社会科学版),2009(3).

[66] 李志强. 山西资源型经济转型发展报告[M].北京:社会科学文献出版社,2015.

[67] 梁同贵. 中国产业结构变动与经济增长关系的国际比较研究[J].广西经济管理干部学院学报,2010(10).

[68] 林春艳. 区域产业结构优化的模型构建与评价方法研究综述[J].经济学动态,2011(8).

[69] 林善炜. 中国经济结构调整战略[M].北京:中国社会科学出版社,2003.

［70］林毅夫,孙希芳.银行业结构与经济增长[J].经济研究,2008(9).

［71］林毅夫,章奇,刘明兴.金融结构与经济增长:以制造业为例[J].世界经济,2003(1).

［72］铃木淑夫.日本的金融制度[M].北京:中国金融出版社,1987.

［73］刘富.基于低碳思路的山西产业结构优化分析[D].太原:山西财经大学,2014.

［74］刘海生.金融结构对产业结构变动的影响研究[D].广州:暨南大学,2011.

［75］刘涛.经济增长与产业结构变动的关系及其效应研究[M].北京:科学出版社,2013.

［76］刘涛,胡春晖.基于产业均衡条件的产业结构与经济增长实证研究[J].统计与决策,2011(5).

［77］刘伟.工业化进程中的产业结构研究[M].北京:中国人民大学出版社,1995.

［78］刘伟,蔡志洲.技术进步、结构变动与改善国民经济中间消耗[J].经济研究,2008(4).

［79］刘伟,李绍荣.产业结构与经济增长[J].中国工业经济,2002(5).

［80］刘伟,李绍荣.转轨中的经济增长与经济结构[M].北京:中国发展出版社,2005.

［81］刘伟,张辉.中国经济增长中的产业结构变迁和技术进步[J].经济研究,2008(11).

［82］刘伟,张辉,黄泽华.中国产业结构高度与工业化进程和地区差异的考察[J].经济学动态,2008(11).

［83］刘小瑜.中国产业结构的投入产出分析[D].南昌:江西财经大学,2002.

［84］刘洋.金融支持山西涉农企业发展问题研究[D].晋中:山西农业大学,2014.

［85］刘元春.经济制度变革还是产业结构升级[J].中国工业经济,2003(9).

［86］刘作舟.区域发展战略与产业结构[M].太原:山西人民出版社,2002.

［87］鲁钊阳,李树.农村正规与非正规金融发展对区域产业结构升级的影响[J].财经研究,2015(9).

［88］罗琼.台湾经济增长中的产业结构调整与产业政策研究[D].天津:南开大学,2012.

［89］马克思.资本论(第2卷)[M].北京:人民出版社,1974.

［90］麦金农.经济发展中的货币与资本[M].上海:上海三联书店,1988.

［91］毛筱娟.山西产业结构调整路径选择[D].太原:山西大学,2010.

［92］倪丹丹.安徽省金融发展对产业结构优化升级的影响[J].郑州航空工业管理学院学报,2015(12).

[93] 牛冲槐. 山西产业结构调整的理论与应用研究[D].北京:中国矿业大学,2002.

[94] 潘文卿. 一个基于可持续发展的产业结构优化模型[J].系统工程理论与实践,2002(7).

[95] 潘文卿,陈水源. 产业结构高度化与合理化水平的定量测算[J].开发研究,1994(1).

[96] 庞皓. 计量经济学[M]. 3 版. 北京:科学出版社,2014.

[97] 史常亮,王忠平. 产业结构变动与浙江经济增长[J].统计科学与实践,2011(2).

[98] 斯蒂芬·马丁. 高级产业经济学[M].上海:上海财经大学出版社,2003.

[99] 宋保庆. 金融发展、政府行为与地区产业结构高级化——基于京津冀地区面板数据检验[J].产业经济评论,2015(9).

[100] 宋锦剑. 论产业结构优化升级的测度问题[J].当代经济科学,2000(5).

[101] 苏东水. 产业经济学[M]. 4 版. 北京:高等教育出版社,2015.

[102] 苏辉. 南通产业结构与经济增长协整分析[J].企业导报,2012(1).

[103] 孙韩钧. 我国产业结构高度的影响因素和变化探析[J].人口与经济,2012(3).

[104] 孙尚清,马建堂. 中国产业结构研究[M].太原:山西人民出版社,1988.

[105] 孙晓芳,景普秋,张茜茜. 资源依赖区域转型的动力机制研究——以山西省由资源依赖向创新驱动的转型发展为例[J].煤炭经济研究,2011(1).

[106] 泰勒尔. 产业组织理论[M].北京:中国人民大学出版社,1997.

[107] 谈儒勇. 金融发展理论与中国金融发展[M].北京:中国经济出版社,2000.

[108] 谈儒勇. 中国的金融发展与经济增长的实证研究[J].经济研究,1999(10).

[109] 唐力维. 产业结构优化与金融支持研究[D].成都:西南财经大学,2013.

[110] 唐天伟,邓光亚. 中部崛起中的金融发展与产业结构升级[J].江西师范大学学报(哲社版),2010(2).

[111] 唐旭等. 中国金融改革:理论、路径与构想[M].中国金融出版社,2008.

[112] 童毛弟,童业冬. 金融深化、科技创新对产业结构升级的影响研究——基于江苏省1984-2013 年的数据[J].求索,2015(9).

[113] 童适平. 日本金融监管的演化[M].上海:上海财经大学出版社,1998.

[114] 王柏杰,郭立宏. 中国转型期第二产业产出与就业关系的实证[J].山西财经大学学报,2009(11).

[115] 汪传旭,刘大．产业结构合理化的定量分析模型[J].技术经济,2002(4).

[116] 王定祥,吴代红,王小华．中国金融发展与产业结构优化的实证研究——基于金融资本视角[J].西安交通大学学报(社会科学版),2013(9).

[117] 王广谦．经济发展中金融的贡献与效率[M].北京:中国人民大学出版社,1997.

[118] 王焕英,王尚坤,石磊．中国产业结构对经济增长的影响——基于面板模型的研究[J].云南财经大学学报(社会科学版),2010(4).

[119] 王珺,殷宁宇．我国产业结构何以偏离一般发展模式——一个新视角:国际分工条件下的政府行为[C].中国制度经济学年会论文,2007.

[120] 王坤．资源型地区经济发展方式转变——基于产业集群、区域经济发展差异研究[M].北京:经济管理出版社,2014.

[121] 王立国,赵婉妤．我国金融发展与产业结构升级研究[J].财经问题研究,2015(1).

[122] 王青云．资源型城市经济转型研究[M].北京:中国经济出版社,2003.

[123] 王廷科,薛峰．现代政策性金融机构:职能、组织与行为理论[J].金融与经济,1995(2).

[124] 王岳平．开放条件下的工业结构升级[M].北京:经济管理出版社,2004.

[125] 王喆．首都经济圈金融发展与产业结构调整——来自1978年至2012年省际数据的实证研究[J].经济与管理,2014(1).

[126] 魏革军．发挥金融在山西转型跨越发展中的优势——访山西省常务副省长李小鹏[J].中国金融,2011(5).

[127] 魏农建．我国产业结构高度化的判断[J].上海经济研究,2000(3).

[128] 魏燕．新疆产业结构升级的金融支持研究[D].石河子:石河子大学,2013.

[129] 武志．金融发展与经济增长:来自中国的经验分析[J].金融研究,2010(5).

[130] 西蒙·库兹涅茨．各国的经济增长,总产值和生产结构[M].常勋,译．北京:商务印书馆,1999.

[131] 莜原三代平．产业结构论[M].日本:筑摩书房,1976.

[132] 徐冬林．中国产业结构变迁与经济增长的实证分析[J].中南财经政法大学学报,2004(2).

[133] 徐怀礼．产业结构调整中的金融因素分析[D].长春:吉林大学,2004.

[134] 闫海洲.长三角地区产业结构高级化及影响因素[J].财经科学,2010(12).

[135] 杨国辉.中国金融对产业结构升级调整的影响研究[D].武汉:华中科技大学,2008.

[136] 杨凌.产业结构变迁对区域经济增长差异的影响研究[D].西安:西安交通大学,2010.

[137] 杨邵波.效率改进、产业结构升级对经济增长的影响研究[D].大连:东北财经大学,2014.

[138] 杨显明.煤炭资源型城市产业结构演替与空间形态演化的过程、机理及耦合关系研究——以淮南、淮北为例[D].芜湖:安徽师范大学,2014.

[139] 杨治.产业经济学导论[M].北京:中国人民大学出版社,1985.

[140] 姚德文.产业结构优化升级的制度分析——以上海为例[M].北京:经济科学出版社,2012.

[141] 姚华,宋建.中国金融发展与产业结构升级协整关系的多指标交叉检验[J].湖南大学学报(社会科学版),2016(1).

[142] 姚旻.生态文明理念下的产业结构优化——以贵州为例[M].北京:经济科学出版社,2010.

[143] 叶依广,曹乾.我国产业部门增长效应地区差异的实证分析[J].经济地理,2003(5).

[144] 衣庆焘,崔艳娟,戴大双.金融发展对新疆产业结构调整效应的实证分析[J].当代经济管理,2013(11).

[145] 尹林辉,付剑茹,刘广瑞.地区金融发展、政府干预和产业结构调整——基于中国省级面板数据的经验证据[J].云南财经大学学报,2015(2).

[146] 于凤艳.中国城市经济增长过程中的产业结构变动研究[D].沈阳:辽宁大学,2008.

[147] 余江.资源约束、结构变动与经济增长——理论与中国能源消费的经验[M].北京:人民出版社,2008.

[148] 原毅军.产业结构的变动与优化:理论解释和定量分析[M].大连:大连理工大学出版社, 2008.

[149] 臧旭恒,杨蕙馨,徐向艺. 产业经济学[M]. 5 版. 北京:经济科学出版社,2015.

[150] 张复明. 资源型经济:理论解释、内在机制与应用研究[D].太原:山西大学,2007.

[151] 张复明. 资源型区域面临的发展难题及其破解思路[J].中国软科学,2011(6).

[152] 张复明,景普秋. 资源型经济的形成:自强机制与个案研究[J].中国社会科学,2009(2).

[153] 张复明,景普秋. 资源型经济及其转型研究述评[J].中国社会科学,2006(6).

[154] 张辉. 中国经济增长的产业结构效应和驱动机制[M].北京:北京大学出版社,2013.

[155] 张捷. 结构转换期的中小企业金融研究:理论,实证与国际比较[M].北京:经济科学出版社,2003.

[156] 张杰. 经济变迁中的金融中介与国有银行[M].北京:中国人民大学出版社,2003.

[157] 张杰. 中国金融改革的检讨与进一步改革的途径[J].经济研究,1995(5).

[158] 张军,陈诗一,GaryH. Jefferson. 结构改革与中国工业增长[J].经济研究,2009(7).

[159] 张军,金煜. 中国的金融深化和生产率关系的再检测:1987-2001[J].经济研究,2005(11).

[160] 张立军. 中国地区金融结构转变与产业结构升级研究[D].湘潭:湘潭大学,2004.

[161] 张沛. 金融发展对产业结构调整的影响研究——以山西省为例[D].太原:山西财经大学,2015.

[162] 张琦,陈晓红,蔡神元. "信贷歧视"与中小企业信贷融资——基于湖南中小企业问卷调查数据的实证[J].系统工程,2008(10).

[163] 张天祀. 我国金融监管体制改革的目标及路径选择[J].中国金融,2009(18).

[164] 张巍钰. 中部地区金融发展与产业结构升级理论与实证研究[D].长沙:湖南大学,2014.

[165] 张晓明. 中国产业结构升级与经济增长的关联研究[J].工业技术经济,2009(2).

[166] 张晓峒. 计量经济学基础[M]. 3 版. 天津:南开大学出版社,2007.

[167] 张雪梅. 综改区背景下山西金融发展与产业结构调整互动研究[J].经济问题,2014(3).

[168] 张燕,陈薇. 低碳经济与区域产业结构调整研究[M].北京:知识产权出版社,2014.

[169] 张玉喜. 产业政策的金融支持:机制、体系与政策[M].北京:经济科学出版社,2007.

[170] 赵峥. 我国产业结构优化的金融支持机理与路径选择[J].山东经济,2011(11).

[171] 赵志华. 金融支持山西省煤炭产业低碳发展[J].中国金融,2011(2).

[172] 郑世娟. 山西省金融结构与产业转型的关系研究——基于产业专业化、产业多样化的视角[D].太原:山西大学,2015.

[173] 郑秀峰. 中国金融结构调整的产业背景研究[D].上海:复旦大学,2004.

[174] 钟培武. 中国经济增长过程中的产业结构与投资变动研究[D].沈阳:辽宁大学,2007.

[175] 周昌林,魏建良. 产业结构水平测度模型与实证分析[J].上海经济研究,2007(6).

[176] 周立,中国各地区金融发展与经济增长:1978-2000[M].北京:清华大学出版社,2004.

[177] 周晓艳,高萌,贺文慧. 金融发展、产业结构和地区资本配置效率[J].中央财经大学学报,2015(5).

[178] 周振华. 产业结构优化论[M].上海:上海人民出版社,2014.

[179] 周振华. 我国经济发展进程中的基本特征及其超常轨迹[J].财经研究,1988(9).

[180] 朱智文,赵立. 金融发展促进产业结构优化的问题研究——基于西部地区面板数据模型的实证分析[J].开发研究,2014(12).

[181] Angelos A Antzoulatos. Nicholas Apergis & Chris Tsoumas. Financial Structure and Industrial Structure[J].Bulletin of Economic Research,2011,63(2).

[182] Anna Hyina. Roberto Samaniergo. Structural Change and Financing Constraints[J]. Journal of Monetary Economics, 2012,59(2).

[183] Arestis&P. D. mentriades. Financial Development and Economical Growth: Assessing the Evidencef[J].Economics Journal,2004(1).

[184] Back,R. Levine. Industry growth and capital allocation[J].Journal of Financial Economics,2000(3).

[185] Bao,S. ,Chang,G. H. ,Sachs,J. D. and Woo,W. T. ,Geography factors and China's regional development under market reforms,1978-1998[J].China Economic Review,2002

(3).

[186] Baumol, William J. Macroeconomics of Unbalanced Growth: The Anatomy of Urban Crisis [J]. The American Economic Review, 1967, 57(3).

[187] Chan-YuanWong. Rent-seeking, industrial policies and national innovation systems in Southeast Asian economies[J]. Technology in Society, 2011(33).

[188] Chenery H. B. , Robinson S. , Syrquin. Industrialization and Growth: A Comparative Study [M]. Oxford University Press, 1986.

[189] Cheng X. , Degryse H. A. The Impact of Bank and Non-Bank Financial Institutions on Local Economic Growth in China[J]. Journal of Financial Services Research, 2010, 37(2-3).

[190] Goldsmith R W. Financial Structure and Development[M]. Yale University Press, 1969.

[191] Inklaar R C. , Koetter M. Financial Dependence and Industry Growth in Europe: Better Banks and Higher Productivity[M]. University of Groningen, Groningen Growth and Development Centre, 2008.

[192] Ki Beom Binh, Sang Yong Park & Bo Sung Shin. Finacial Structure and Industial Growth: A Direct Evidence from OECD Countries[R]. http://www. kmfa. or. kr/paper/annual/2005/2-14. pdf.

[193] Kuznets, S. Economic Growth of Nations: Total Output and Production Structure [M]. Cambridge University Press, 1971.

[194] Liu Chunmei, Duan Maosheng. Research on Causality Relationship of Low-Carbon Development and Industrial Structure[J]. Procedia Environmental Sciences 2011(11).

[195] Martin Zagler. Economic Growth, Structural Change, and Search Unemployment [J]. Journal of Economics, 2009, 96(1).

[196] Michael Peneder. Industrial structure and aggregate growth[J]. Structural Change and Economic Dynamics, 2003(14).

[197] Qin. D. Is the Rising Service Sector in the People's Republic of China Leading to Cost Disease[R]. Asian Development Bank ERD Working Paper, 2004(50).

[198] Rajan R G, Zingales L. Financial Dependence and Growth[J]. The American Economic

Review,1998,88(3).

[199] Roland Hodler. Industrial policy in an imperfect world[J].Journal of Development Economics,2009(90).

[200] Thorsten Beck and Ross Levine. Industry growth and capital allocation:Does Having a Market_or_bank-based system matter? [J].Journal of Finance Economics,2002,64(2).

[201] Tomasz Rachwal. Industrial restructuring in Poland and other European Union states in the era of economic globalization[J].Procedia Social and Behavioral Sciences,2011(19).

[202] Vittorio Valli,Donatella Saccone. Structural Change and Economic Development in China and India[J].The European Journal of Comparative Economics, 2009(6).

[203] Wendy Carlin and Colin Mayer. Finance, investment, and growth[J].Journal of Financial Economics,2003,69(1).

[204] Wurgler J. Financial Market and the Allocation of Capital[J].Journal of Financial Economics,2000,58(1-2).